서울
리뷰 오브
북스

Seoul
Review of
Books
2025 봄

17

KB194878

이번 호를 기획할 때《서울리뷰오브북스》(이하《서리북》) 편집실의 의도는 지금과는 달랐다. 원래대로였다면 편집실은 지난해 10월 발표된 한강 작가의 한국인 최초, 아시아 여성 최초 노벨 문학상 수상이라는 쾌거를 축하하고 기념하기 위해 몇몇 주요 작품을 문학적으로 논하는 자리를 만들 계획이었다. 거기에는 비슷한 시기 러시아의 톨스토이 문학상을 받은 한국계 미국인 김주혜 작가의 소설『작은 땅의 야수들』도 포함될 터였다. 재작년 영국 부커상 인터내셔널 최종 후보에 올랐던 천명관 작가의『고래』나, 올해 1월 세계 3대 SF 문학상 가운데 하나로 꼽히는 미국의 필립 K. 딕 상 후보에 오른 정보라 작가의『너의 유토피아』도 서평의 대상이 되었을 것이다. K-문학의 저력이 전 세계 독자들의 마음을 사로잡고 있는 최근의 놀라운 성과에 힘입어 오랜만에 문학적 감성이 넘치는 풍성한 특집이 될 뻔했다. 그런데 작년 말 우리 사회에 벌어진 경악할 만한 사건 하나가 모든 것을 바꿔 버렸다.

비상계엄 선포와 해제, 탄핵 소추안 발의와 의결, 최초의 현직 대통령 체포·구속영장 발부와 집행, 내란 혐의 수사와 헌법재판소의 심판, 그리고 지리한 정치적 공방과 법정 다툼이 이어지면서 많은 국민들의 놀란 가슴은 아직도 쉽게 가라앉지 못하고 있다. 그사이 응원봉 시위, 서울서부지방법원 폭동, 특검법 발의와 거부, 이상하리만치 급격히 오르내리는 여론조사 결과 등, 평범한 일상을 앗아 가는 속보의 연발로 인해 갑자기 온 국민의 관심이 그 어느 때보다 절실하게 정치권과 사법권 소식에 쏠렸다. 무엇보다도 많은 이들이 헌법에 커다란 관심을 가지게 되었다. 무엇이 합헌이고 무엇이 위헌인지 법 조항 하나하나 따져 보고자 하는 호기심이 일었다는 사람들이 많다. 새삼 걱정스러운 것은 자유나 민주, 공정 등의 단어의 의미를 오염시켜 온 정치권의 일부 세력들이 이제 '헌법'이라는 단어의 가치와 공정성마저 제멋대로 재단하려 하고 있다는 점이다.

작년 이맘때 발간한 《서리북》 13호에서도 '민주주의와 선거'라는 제목의 특집을 다룬 적이 있었는데 정확히 1년 만에 다시 정치적인 주제로 돌아오게 되었고, 이번에는 특별히 '헌법'이라는 단어에 더욱 집중할 특별한 상황이 마련되었다. 그래서 이번 호 특집의 제목은 '헌법의 순간'으로 정했다. 유정훈 편집위원이 서평을 쓴 박혁의 책 『헌법의 순간』에서 그대로 가져왔다. 시의적절하게도 현재 우리의 관심사를 가장 잘 반영해 주는 촌철살인의 경구라 생각했다.

유정훈은 『헌법의 순간』을 대상으로 77년 전 제헌국회가 대한민국의 헌법을 심의하고 통과시킨 과정을 돌아보았다. 헌법이 만들어진 경위와 가치에 대한 애정이 새삼 커지리라 본다. 이용우는 이철희의 『나쁜 권력은 어떻게 무너지는가』를 읽으며 탄핵 제도가 민주주의를 지키는 도구인지 안정적인 정치를 위협하는 악법인지를 논하며 탄핵 정국의 복잡성을 지적했다. 이황희는 헤린더 파우어-스투더의 책 『히틀러의 법률가들』을 대상으로 법이 어떻게 해서 독재를 옹호하고 정의와 멀어질 수 있는지를 통찰했다.

김경현은 에드워드 와츠의 『독재의 탄생』에 대한 서평을 쓰면서, 지금은 로마 공화국의 몰락을 돌아보며 공화국의 실패가 초래할 결과에 대해 유의할 필요가 있는 엄중한 순간임을 지적했다. 모두 하나같이 독자 여러분의 호기심을 충족시켜 줄 멋진 글들이다.

작년부터 야심 차게 추진하고 있는 '고전의 강'에서는 그동안 '진화'와 '경제'라는 주제에서 빼놓지 않고 꼭 읽어야 할 고전들을 선정해 하나씩 다루었다면, 이번 호에는 '인공지능' 분야의 고전을 처음으로 선보인다. 권석준의 글은 앨런 튜링의 뒤를 이어 인공지능의 개념을 창시한 마빈 민스키의 책 『마음의 사회』를 심층 분석했다. 딥러닝과 거대 언어 모델의 기원에 대해 궁금해할 독자들에게 인공지능뿐 아니라 인간의 마음 자체를 이해하고자 했던 민스키를 이해할 새로운 시각을 선사한다. 문학에 대해 여전히 남는 진한 아쉬움은 『작별하지 않는다』를 읽고 쓴 서영채의 서평과 두 편의 잔잔한 에세이로 조금이나마 달래 주시길.

국내에 몇 안 되는 전문 서평지로서 《서리북》이 나아가야 할 길은 어디일지 편집위원들은 매번 모일 때마다 고민하며 이야기를 나눈다. 우리나라에서 한 해에 7만 5천여 종이 넘는 책이 출간된다고 하니 하루에만 200권이 넘는 새 책이 쏟아져 나오는 수준이다. 그러나 1년에 책을 한 권도 채 읽지 않는다고 답한 사람이 성인 중 60퍼센트가 넘는다고 하니, 그 많은 책이 다 어디로 가 어떻게 쓰이고 있는지 의아하다. 드라마나 영화, 유튜브의 짤막한 책 소개 영상은 즐겨 소비해도 막상 거기 등장하는 책은 직접 읽을 엄두를 못 내는 바쁜 현대인에게 책 자체도 언감생심인데 책에 관한 글, 즉 '서평'은 무슨 의미로 다가가고 있을까?

SF 작가인 아서 C. 클라크가 말했던 유명한 문장 "고도로 발달한 기술은 마법과 구분할 수 없다"를 패러디해 서평의 정체성과 필요를 짚어 줄 표현으로 이렇게 바꿔 보고자 한다.

'고도로 발달한 서평은 문학과 구분할 수 없다.'

최근 K-문학의 위대함을 발견하고 한국 작가들의 작품을 원어로 읽고 느껴 보고자 한국어를 배우려는 열풍이 세계 곳곳에서 불고 있음을 절감한다. 작가들의 작품 세계를 수준 높게 비평하고 논하는 우리 서평 문화의 위상을 새롭게 하는 일도 절실히 필요한 때가 되었다. 우리가 사랑하는 '서평은 그 자체로 하나의 우주이다'라는 표어가 실감 날 수 있도록 더 큰 세계를 품는 좋은 서평지를 만들기 위해 불철주야 노력하는 편집위원들과 필자들, 그리고 계절이 바뀔 때마다 새로운 호를 떠올리고 기꺼이 기다려주시는 독자 여러분께 감사드리며, 기쁜 마음으로《서리북》17호를 세상에 내놓는다.

편집위원 정우현

차례

특집 리뷰: 헌법의 순간

이마고 문디: 이미지로 읽는 세계

디자인 리뷰

북 & 메이커

리뷰

재반론

고전의 강

문학

"민주공화국의 시민으로서 우리는 헌법을, 그리고 헌법을 만든 과정의 말과 생각을 읽어야 한다."
◀ 유정훈 「헌법을 공부하는 슬픔과 기쁨」

"작금의 탄핵 정국이 단순히 한 권력자의 축출 여부를 넘어, 민주적 헌정 질서를 유지하고 강화하기 위한 사회적 합의를 형성하는 계기가 될 것인지 주목해야 한다."
▶ 이용우 「탄핵의 딜레마」

"법의 타락을 막는 최후의 방벽은 정의로운 법에 의해 통치되기를 원하는 국민의 요구와 이를 위한 실천이다. 법에 대한 최종적인 감독자는 법의 궁극적인 작성자인 국민이기 때문이다."
◀ 이황희 「법은 어떻게 정의와 멀어지는가」

"공화정을 의미하는 그리스어 '폴리테이아(politeia)'가
도시국가를 의미하는 '폴리스(polis)'와 시민으로
행동한다는 의미를 지닌 '폴리테우오(politeuo)'에서
비롯되었다는 사실은, 현재 민주공화국에 사는
우리에게 시사하는 바가 크다."
▶ 김경현 「로마 공화국의 몰락, 역사는 반복하는가」

독재의 탄생
로마 공화정의 몰락

에드워드 왓츠 지음·신상돈 옮김

페미니즘 미술 읽기
한국 여성 미술가들의 저항과 탈주
김홍희
열화당

"여기 있는 모든 여자들은
쓰고 있다. 손과 몸과
눈을 이용하여 몸 전체를
움직이면서 눈앞의
백지와 싸우며 쓴다."
▶ 현시원 「모든 여자들은 쓰고 있다」

THE SOCIETY OF MIND 마음의 사회

마빈 민스키 지음 | 조광제 옮김

새물결출판사

"마음이 인간만의 전유물로 남을 것인지는
인간이 지성에 대한 통합적 관점의 이해를
어디까지 이어 나갈 것인지, 그리고 인공지능의
발전을 통해 그 이해의 폭과 깊이를 어디까지
확장할 것인지에 달려 있을 것이다."
◀ 권석준 「지능은 블록처럼 조립될 수 있는가」

"한강은 사람을 불편하게 하는 작가이다. (……)
우리가 제대로 된 삶을 살고자 하는 한,
그 불편함은 결코 외면하거나 회피할 수 없는 것,
누구나 종국에 한번은 직면할 수밖에 없는
것이기 때문이라 해야 할 것이다."

◀ 서영채 「한강, 우리를 불편하게 하는 문학」

한강 장편소설

작별하지 않는다

문학동네

"전쟁이 우리에게 무엇이길래 우리가
이러고 사는가라는 물음은 앞으로
전쟁과는 멀어지자는 다짐과 희망의
공간을 열어 놓는다."

◀ 이석재 「전쟁을 안 하면 인간이 아닌가」

인간에 관한 탐구,
탁월한 과학적 역사

전쟁은 인간에게 무엇인가

아자 가트 지음
오숙은·이재만 옮김

교유서가

"한국에서는 왜 이렇게 참사가 반복되는가? (……)
'우리가 비난하기와 책임자 찾기에만 열을 올리고
한 번도 환경을 변화시킬 대책을
제대로 추진하지 못했기 때문이다.'"

▶ 박상은 「그 어떤 작은 '사고'도 시스템의 문제다」

일본의 30년 경험에서
무엇을 배울 것인가

초호황에서
버블 붕괴
금융위기
슈퍼 엔고
고령화에
인구 감소까지

부·책

"'초저금리' 아베노믹스는 일본 경제를 살리는 데
성공한 것일까. (……) 일본이 이렇게 해서
성공했다면 저성장 초입에 들어서는 한국도
일본과 같은 방식을 택하면 되는 것일까."

◀ 이상훈 「저성장 초입 한국은 일본보다 나은 길을 갈 수 있을까」

"내 손에 흙을 묻혀 가며
해본 일의 과정을 복기하며
사람은 성장한다.
이 책은 복기의 나침반이
되어 줄 것이다.
나에게 그랬듯이."

▶ 박소령 「찰리 멍거와 친구가 되는 가장 좋은 방법」

POOR
CHARLIE'S
ALMANACK

가난한
찰리의
연감

버크셔
해서웨이의
전설,
찰리 멍거의
모든 것

찰리 멍거
지음
피터 코프먼
엮음
김태훈
옮김

1 PHAL

Philos
031

FLUSH
똥

뜻밖의 보물에 숨겨진
놀라운 과학

버린 넬슨 지음
고현석 옮김

a

"희망적인 메시지가 있다면,
앞선 사회기술 시스템의
전환을 연구한 사례들은
계속 쏘아 올려진 작은
일련의 실험의 불씨가 큰
들불이 되면서 거대한 전환이
가능해졌음을 보여 준다는
것이다. 그렇기에 똥에 대한
실험은 계속되어야 한다!"

◀ 황정하·홍성욱 「멋진 구(舊)세계」

일러두기

1   《서울리뷰오브북스》에 수록된 서평은 직접 구매한 도서로 작성하는 것을 원칙으로 합니다.

2   《서울리뷰오브북스》에서 다루기 위해 선정된 도서와 필자 사이에 이해 충돌이 발생하는 경우,
     주석에서 이를 밝히는 것을 원칙으로 합니다.

3   단행본, 소설집, 시집, 논문집은 겹낫표『 』, 신문, 잡지, 음반, 전시는 겹화살괄호《 》, 단편소설,
     논문, 신문 기사는 홑낫표「 」, 영화, 음악, 팟캐스트, 미술 작품은 홑화살괄호〈 〉로 묶어
     표기했습니다.

4   아직 한국에 번역·출간되지 않은 도서를 다룰 경우에는 한국어로 번역한 가제와 원서 제목을
     병기했습니다.

헌법의 순간

서울
리뷰 오브
북스

지은이
박혁

헌법의

대한민국을 설계한 20일의 역사

순간

페이퍼로드
paperroad

『헌법의 순간』
박혁 지음
페이퍼로드, 2024

헌법을 공부하는 슬픔과 기쁨

유정훈

주해와 논픽션 사이

미국 신문을 보면 'annotation' 혹은 'annotated'라는 부제가 달린 기사가 종종 나온다. 우리말로 하면 '주해(註解)', 즉 어떤 자료에 대한 주석과 해설을 붙인 기사라는 뜻이다. 대통령의 취임사나 연두교서, 의회의 청문회 속기록 같은 정치적 문서, 연방대법원의 중요한 판결 또는 검찰의 기소장 등 법률적 문서에 대한 독자의 이해를 위해 이런 작업이 이루어진다.

『헌법의 순간』은 1948년 6월 23일 헌법기초위원회가 헌법안을 본회의에 보고한 이후 7월 12일 본회의가 헌법안을 의결할 때까지 20일 동안 제헌국회가 대한민국의 헌법을 심의하고 통과시킨 과정을 기록한 회의록에 대한 주해라 할 수 있다.

책을 읽어 가다 보면 제헌국회 회의록에 대한 딱딱한 주해라는 생각보다 헌법 제정을 소재로 한 논픽션이라는 느낌이 먼저 들기도 한다. 머리말은 1948년 5월 10일 국회의원 선거일의 기록으로 시작하는데, 국민들이 첫 투표권을 행사하는 흥분을 묘사하기 위해 저자가 창작한 부분들이 보인다. 본문 역시 전문 지식이 없는 일반 독자를 대상으로 제헌국회의 헌법 만들기를 쉽게 풀어 주며 제헌국회 현장에 와 있는 듯한 생동감을 느끼게 한다. "-입니다", "-했을까요?" 식의 존댓말 구어체를 사용하고, 다른 의원의 발언에 고개를 끄덕이는 의원들의 모습, 논의가 격해질 때 술렁이는 회의장 분위기, 여기저기서 소리치며 이의를 제기하는 의원들의 반응에 대한 저자의 상상을 섞은 묘사가 건조하기 짝이 없는 회의록의 빈틈을 메우기도 한다.

하지만 그런 논픽션적 요소가 책의 핵심이자 저자가 원래 의도했을 내용, 즉 헌법 제정 과정에 대한 주해라는 본질을 해치지는 않는다. 저자가 시도한 제헌국회 회의록의 발췌 및 재조합 그리고 그에 대한 해설은 독자들이 헌법 제정 과정의 핵심을 잘 이해하도록 구성되어 있다.

예를 들어, 의원 개인의 출신이나 배경에 대한 설명은 제헌국회 회의록을 통해 파악할 수도 없고 어지간한 관심과 여력이 있는 독자가 아니면 찾아보기도 어렵다. 그런데 그런 정보가 단순한 흥밋거리가 아니라 해당 의원의 주장을 이해하는 데 필요한 경우가 있다. 신앙의 자유와 정교분리를 규정하는 제헌헌법 제12조를 다룬 9장은, 이남규 의원(장로교 목사 출신), 정도영 의원(독실한 불교 신자), 류성갑 의원(일제강점기에 출가해 승려로 활동), 이윤형 의원(목사 출신), 정준 의원(평양신학교와 한국신학교 졸업), 장면 의원(가톨릭 신자)의 종교적 배경을 꼼꼼하게 설명한다. 의원들의 발언과 입장은 본인의 종교적 배경과 무관하지 않기에, 저자가 더한 주해는 제헌헌법 회의록을 온전히 이해하도록 만든다.

지금 제헌국회 회의록을 주해하는 의미
2024년 7월 출간 직후 이 책을 접했을 때, 제헌헌법 그리고 제헌

1948년 5월 31일, 서울 중앙청에서 이승만 당시 국회의장이 개원사를 하고 있다.
(출처: 위키피디아)

국회 회의록을 대상으로 선택했다는 점이 인상적이었다. 일반 독
자를 대상으로 대한민국 헌법의 핵심 내용을 다루거나 조문 순서
대로 설명한 책들은, 그 양과 질의 측면에서 완전히 만족스럽다 할
수는 없지만, 어렵지 않게 찾아볼 수 있다. 하지만 제헌국회가 헌법
을 만드는 과정을 보여 주는 회의록을 주된 소재로 한 책은 없었다.

　　미국에는 헌법 해석에 관한 원전주의(originalism)라는 흐름이
있다. 법철학적 논의에 그치지 않고, 실제로 보수 진영의 대법관들
이 연방대법원 판결에 적용하는 법리다. 헌법은 헌법 기초자가 의
도했던 바에 따라 해석해야 한다는 주장인데, 헌법은 제정 당시 기
초자에 의해 확정된 문서로서 후대의 해석자에 의한 변경은 허용
되지 않아야 한다는 의미에서 헌법을 '죽은 문서'라 칭하는 경우
마저 있다. 법원의 헌법 해석 원칙이 이렇다면, 헌법 제정 당시 회

의록은 역사에 그치지 않고 법 실무의 관점에서 가장 중요한 자료
가 된다.

한국에는 이런 법사상적 흐름이 존재하지 않는다. 물론 법령
해석에서 입법자의 의도는 법령의 객관적 문언 다음으로 중요하
게 고려되는 요소이나, 미국의 사례처럼 유독 헌법에 관해 그 기초
자의 의도를 강조하지는 않는다. 따라서 헌법적 쟁점이 문제 되는
상황에서도 특별히 제헌헌법을 언급하거나 제헌 과정에 나타난
입법자의 의도에 다른 요소를 뛰어넘는 특별한 가치를 두고 살펴
볼 이유는 없었던 것이다.

파란만장했던 개헌의 여정 또한 제헌헌법에 대한 무관심에
한몫을 했던 것으로 보인다. 대부분의 개헌은 권력자의 집권 연장
을 위한 수단으로 혹은 쿠데타와 계엄 같은 비정상적 상황에서 이
루어졌다. 정치권의 합의와 통상적 절차에 따른 개헌은 1960년의
3차 개헌 그리고 1987년의 9차 개헌 정도인데, 그 역시도 4·19 혁
명과 1987년 6월 민주화운동이라는 정치적 격변의 결과였다. 우
리에게 '개헌'은 제헌헌법을 토대로 부족한 부분이나 시대 상황에
맞지 않는 조항을 고쳐 나가는 것이 아니라 기존 헌법을 '갈아엎는
작업'이었다. 제정 당시 조문은 그대로 둔 채 수정헌법 조항을 덧
붙이는 방식으로 이루어지는 미국의 개헌과는 사뭇 다르다.

하지만 현행 헌법의 체제, 장(章)과 조항의 구성, 개별 조항의
핵심적 내용은 제헌헌법에서 확립된 내용이 현행 헌법까지 이어
지고 있다. 개별 기본권이나 통치 구조에 앞서 대원칙을 정하는 제
1장 총강에 속하는 조항이 대체로 그러하고, 기본권에 관한 조항
역시 제헌헌법에 이미 핵심이 규정된 경우가 많다.

따라서, 제헌국회 회의록은 과거의 역사가 아니라 지금 시점
에서 그리고 미래를 향해 헌법을 이해하기 위한 중요한 자료다. 그

런 점에서 이 책의 주해 작업은 의미가 있다. 저자는 제헌헌법의 심의 과정에서 가장 논란이 된 14개 항목을 선정했다. 그중에는 현행 헌법까지 토씨 하나 바꾸지 않고 이어진 조항도 있고, 여러 이유로 한참 전에 사라진 조항도 있지만, 저자는 현재 시점에서 보더라도 실제적 의미가 있는지를 기준으로 적절하게 항목을 골랐다.

예를 들어, "대한민국의 영토는 한반도와 그 부속도서로 한다"라는 헌법 제3조는 남북 분단이라는 현실 때문에 해석 문제나 개정 필요성에 관한 논란이 따라다니고, 때로 뜨거운 정치적·이념적 논쟁의 대상이 되기도 한다. 제헌헌법 회의록을 통해 영토 조항의 문구가 '한반도와 그 부속도서'로 결정된 과정을 보면,(3장) 영토 문제와 관련하여 생각할 수 있는 쟁점은 제헌 과정에서 이미 대부분 논의되었다는 점을 알 수 있다.

제헌국회 회의록이 지금의 헌법적 문제를 해결하는 데 필요한 살아 있는 자료라는 점을 재발견하고, 독자로 하여금 제헌 과정을 쉽게 이해할 수 있도록 만든다는 점에서 이 책은 집필 의도를 달성했다.

제헌국회, 정치의 향연

한편, 이 서평은 『헌법의 순간』이라는 책을 직접적 대상으로 하지만, 동시에 이 책이 다루는 원본 자료에 대한 것이기도 하다. 주해의 가치와 의미는 그 설명과 해석의 대상이 되는 문서, 이 책의 경우 제헌국회 회의록과 그 결과물인 제헌헌법에 상당 부분 달려 있다.

헌법안 심의는 20일 만에 완결되었고, 그 이전에 헌법안을 작성한 헌법기초위원회도 1948년 6월 3일부터 6월 22일까지 17차 회의로 종결되었으니, 대한민국 헌법 제정은 그 역사적 무게에 비해 빠른 속도로 이루어졌다. 그러나 헌법기초위원회가 헌법안 작

1948년 7월 17일, 헌법 공포를 기념하며 찍은 제헌국회의원 단체사진.
(출처: 중앙선거관리위원회 사이버선거역사관)

성 과정에서 검토한 내용, 제1독회부터 제3독회에 이르기까지 본 회의에서 의원들이 이를 심의하는 과정은 날림으로 이루어지지 않았다. 지금의 우리는 잘 작동하는 헌법재판 제도를 가지고 있기에, 제헌의회를 추앙하며 뒤의 세대가 그보다 못하다는 감상에 빠질 이유는 없다. 하지만 제헌국회 회의록이 수준 높은 "정치의 향연"(19쪽)인 것은 분명하다.

대표적으로 국호에 관한 논의를 꼽고 싶다. '대한민국'이라는 국호에 관해, 조봉암 의원은 "큰 대(大)를 넣은 것은 자신을 높이고 남을 낮추는 봉건적 태도요, 본질적으로는 사대주의 사상의 표현인 것뿐입니다"(40쪽)라 지적하고, 조국현 의원은 '대한'이 제국주의적이라는 주장에 반박하며 이는 나라를 통합하거나 아우른다는 뜻이라고 논박한다.(41-42쪽) '대'라는 한 글자가 대외적 확장을 향한 의지인지 대내적 통합을 위한 약속인지까지 논의했던 신생 독립 국가의 국회를 발견한 것은 이 책을 읽은 보람이다.

　　"적어도 초등교육은 의무적이며 무상으로 한다"라고 규정한 제헌헌법 제16조에 '적어도'라는 문구가 들어간 과정, 무상의 범위에 관한 의원들의 논쟁 역시 인상적이다.(137-140쪽) 이 부분을 읽으며 현행 헌법 제31조를 찾아보니, 의무교육은 무상으로 한다는 내용 외에도 "모든 국민은 그 보호하는 자녀에게 적어도 초등교육과 법률이 정하는 교육을 받게 할 의무를 진다"라는 조항이 있다. 치열한 논쟁을 거쳐 제헌헌법에 들어간 '적어도'라는 세 글자는 지금도 우리 헌법의 일부이다.

　　헌법을 처음 배울 때 접했던, 무상교육은 왜 수업료에 국한되지 않고 의무교육에 필요한 일체의 비용을 포괄해야 하는지에 관한 논변은 헌법 공부에 흥미를 느끼게 했던 기억으로 남아 있다. 헌법 조문을 놓고 직접 다툰 것은 아니지만 한국 사회는 무상급식 이슈 때문에 이 문제를 실천적으로 경험하기도 했다. 그런데 무상교육 범위에 관한 대부분의 쟁점에 관한 논의는 제헌헌법 당시 이미 치열하게 이루어졌다는 점을 확인할 수 있다. 무상·의무교육이라는 원칙과 신생 국가의 국력이라는 제약 사이에서, 헌법의 기초자들은 '적어도'라는 문구를 넣음으로써 무상·의무교육에 관하여는 앞으로 나아갈 일만 있어야지 후퇴나 축소는 없어야 한다는 점을 명확하게 했다.

　　이렇게 제헌헌법을 심의하고 의결한 과정을 담은 회의록은 그 자체로 읽을 가치가 충분하다. 헌법 실무를 하는 법률가에게도, 정치적 공동체의 일원인 국민 모두에게도. 제헌국회 회의록은 국회 회의록 웹사이트*에서 열람할 수 있다. 웹사이트에 게시된 자료

* 대한민국 국회, 국회회의록, https://likms.assembly.go.kr/record/.

는 제헌국회 회의록 원본의 영인본이 아니라 내용은 그대로 두되 지금의 국회 회의록 양식을 사용하여 한글로 옮긴 PDF 문서 형태이다. 1948년으로 돌아간 듯한 기분을 느낄 수는 없지만, 접근성이라는 측면에서 수긍할 수 있는 조치다.

해설자의 역할

저자는 제헌국회 회의록을 전달하고 해설한 이후 대부분의 쟁점에 대해 자신의 관점과 의견을 제시한다. '3·1 운동'이 아니라 '3·1 혁명'이라고 해야 한다는 점에 관해서는 제헌국회 회의록 외에 다른 역사적 문헌까지 들며 강력하게 주장하고,(105-110쪽) 헌법의 '양성'평등이라는 문언을 근거로 동성혼인을 인정하지 않는 결론이 부당하다는 점에 관해서는 제헌헌법에 대한 해설을 넘어 현재의 법적 이슈에 관한 자신의 해석론을 전개한다.(129쪽)

그러나 대부분의 쟁점에 관해서는 저자의 선호가 언뜻 드러나는가 싶으면 도중에 멈춘다. 제헌헌법에 결국 들어가지 않은 양원제에 관해서는 "희미하게 남아 있는 소중한 흔적을 진지하게 살펴보고, 부족했던 점은 채워 보면 어떨까요?"(276쪽)라 언급하고, 대통령제와 의원내각제에 관해서는 "두려움 없이 열린 마음으로 더 나은 정부 형태를 탐구하고 논의했으면 좋겠습니다"(305쪽)라며 마무리한 것이 대표적인 경우이다.

저자의 의견에 해당하는 부분을 그 자체로만 보면, 헌법적 쟁점에 대한 입장으로는 다소 성글어서 근거를 좀 더 제시하며 논리를 발전시켰으면 어떨까 하는 생각이 든다. 하지만 제헌국회 회의록을 통해 대한민국을 설계한 20일의 역사를 알린다는 책의 목적에 비추어 보면, 저자의 견해를 강하게 드러내기보다 제헌헌법에 관한 정보를 전달하는 역할에 충실한 편이 적절한 선택이었다.

한편 국회 웹사이트에 게시된 제헌국회 회의록과 이 책이 담고 있는 부분을 몇 군데 대조하며 읽어 보았는데, 회의록 원문 자체를 읽어 나가는 것도 즐거웠지만, 저자가 회의록의 본질적 내용을 적절하고 정확하게 요약하고 재구성한 좋은 안내자라는 점 또한 확인할 수 있었다.

다시, 헌법의 순간

『헌법의 순간』은 2024년 제65회 한국출판문화상 교양 부문 수상작으로 선정되었다. 주최 측은 이 책이 최종 후보 중 하나로 선정된 것은 12·3 비상계엄 사태 발생 전이라고 설명하나,* 최종 발표가 12월 말에 이루어졌다는 점에서 수상작 선정이 지금 한국의 상황과 전혀 무관하지는 않을 것이다.

우리는 지금 뜻하지 않게 헌법의 순간을 맞아 그 한가운데를 지나가고 있다. '전 국민이 헌법을 공부한다'는 말을 듣고 웃어넘길 수가 없다. 법률가들조차 거의 볼 일이 없던 헌법 제77조 계엄 관련 내용을 읽어 보고, 대통령 권한대행이 할 수 있는 일과 없는 일을 논하고, 국회가 선출한 헌법재판소 재판관의 임명권이 누구에게 있는지 알아보아야 한다. 국민들이 직접 헌법을 읽다 보면 헌법에 대한 감각과 헌정 질서에 대한 존중이 높아질 수도 있지만, 계엄과 내란 때문에 이렇게 되었다는 현실을 생각하면 지금은 헌법을 공부하는 슬픔이 앞선다.

하지만 이 책을 읽을 때는 헌법을 공부하는 기쁨을 느낄 수 있었다. 이 책을 통해 그리고 다른 수단으로 헌법을 공부하는 즐거움

---

* 표정훈, 「"헌법은 우리의 삶에 어떻게 뿌리내렸나 새롭게 각인시켜"」, 《한국일보》, 2024년 12월 28일 자, https://www.hankookilbo.com/News/Read/A2024122523420002029.

이 많은 사람의 것이 되기를 바란다. 일부 권력자만의 것도 아니고 국란 극복의 시간도 아닌, 국민 모두의 헌법의 순간을 맞게 되기를 소망한다.

　마지막으로, 1987년 헌법 개정의 기록을 이 책과 같은 방식으로 읽고 싶다. 12·3 비상계엄 사태와 무관하게, 1987년 헌법의 한계에 대해서는 꾸준히 문제가 제기되고 논의가 이루어져 왔다. 하지만 개헌이라는 중대 사안을 앞에 두고, 현실의 문제점에 반응하고 권력 구조를 어떻게 바꿀지 논의하기에 앞서, 우리는 과연 무엇을 개정하려는 것인지부터 정확하게 파악해야 하지 않을까. 1987년의 헌법개정특별위원회와 국회 본회의 회의록 역시 국회회의록 웹사이트에서 열람할 수 있다. 대통령 직선제를 쟁취한 정치적 열기 때문인지 1987년 회의록은 아쉽게도 제헌국회에 비해 읽을거리가 많지는 않다. 하지만 우리가 제헌헌법에 대해 제대로 몰랐던 것과 마찬가지로, 1987년 헌법에도 간과한 부분들이 있을 것이다. 민주공화국의 시민으로서 우리는 헌법을, 그리고 헌법을 만든 과정의 말과 생각을 읽어야 한다. **서리북**

유정훈
본지 편집위원. 변호사. 《경향신문》에 매달 '정동칼럼'을 기고하고, 온라인 매체 《피렌체의 식탁》에는 주로 미국 정치와 연방대법원 사건을 소재로 글을 쓰고 있다.

📖 인공적 인격체인 국가가 어떻게 유지되고 발전할
것인지를 고민하여 규범으로 체계화한 것이 헌법이다.
대한민국이라는 국가를 헌법이라는 잣대로 살펴보되, 헌법
조문을 개별적으로 해설하는 것이 아니라, 행복한 국가의
미래상, 국가의 현실적 자기 이해라는 관점에서 헌법을
살펴보고 '개인-국가-헌법'의 상관관계를 고찰한다.

"앞으로 대한민국이 어디로 갈 것인지는 알 수 없다. 하지만
최소한 어느 방향으로, 어떻게 가야 할 것인지는 헌법에
제대로 제시되어 있다. 그렇다면 지금 나는 무엇을 해야
할까? 이를 위해서는 헌법적 가치라는 추상적인 선을
추구하기보다 구체적으로 드러난 반헌법적 악을 제거하기
위한 노력이 무엇보다 중요하다." — 책 속에서

『우리에게는 헌법이 있다』
이효원 지음
21세기북스, 2020

📖 '정의란 무엇인가'라는 제목과 달리 헌법에 관한 책이다.
정의에 관한 추상적 물음이 아니라, 헌법을 정의 담론의
출발점으로 삼아 우리 헌법에 담긴 정의와 공정의 문법을
탐구한다. 흔히 헌법에 관해 논의되는 개별적 기본권이나
권력 구조 문제가 아니라, 경제적·사회적 정의의 관점으로
헌법을 바라보는 독특한 관점의 책이다.

"헌법 조항들을 종합하고 체계적으로 해석하여 우리 헌법과
법질서를 '최선의 작품'으로 만들어주는 정의관과 정의
원리들을 발굴하고 재구성하는 작업이 절실히 필요하다.
'살아 있는 헌법과 법', 사회 구성원들의 해석 실천을 통해
'역동적으로 성장해가는 헌법과 법'이 되려면 어떤 정의관과
정의 원리들에 근거를 두어야 할까? 이 물음의 해답을 찾기
위한 여행을 떠나보자." — 책 속에서

『한국 사회에서 정의란
무엇인가』
김도균 지음
아카넷, 2020

나쁜 권력은 어떻게 무너지는가

탄핵의 정치학

이철희 지음

메디치

『나쁜 권력은 어떻게 무너지는가』
이철희 지음
메디치미디어, 2024

탄핵의 딜레마: 민주주의를 지키는 도구인가, 정치를 위협하는 제도인가

이용우

탄핵 정국은 우리 정치를 어디로 이끌까?

이철희의 『나쁜 권력은 어떻게 무너지는가』는 절묘한 시점에 나온 책이다. 탄핵 정국의 복잡성을 직시한 시의적절한 저서다. 대통령의 계속적인 거부권 행사와 의회의 연속적인 탄핵 추진이 충돌하면서 윤석열 대통령에 대한 탄핵 가능성이 대두되던 시점, 탄핵이 가져올 정치적 후폭풍과 사회적 분열을 예견하며 출간된 이 책은 민주주의를 지키는 제도인 탄핵이 역설적으로 정치 체제를 위축하고 갈등을 심화하는 모습을 분석한다.

한편, 이 책은 탄핵이라는 제도가 가진 양면성을 심도 있게 탐구한다. 탄핵이 권력 남용을 바로잡는 민주적 장치인 동시에, 정치적 도구로 오용될 위험성을 내포한다는 점에서 중요한 메시지를 전달한다. 특히 권력과 여론, 제도의 상호작용 속에서 탄핵이 어떤 정치적, 사회적 결과를 초래할 수 있는지 성찰하게 한다. 그러나 윤석열 대통령의 탄핵 논의가 대두되던 시점에 출간된 이 책의 시의성은 이후 더욱더 높아졌다. 출간 직후 누구도 예상치 못한 12·3 비상계엄 선포로 탄핵 정국이 개시된 것이다.

2024년 12월 3일 밤, 국회의사당 본관 앞에서 대치하고 있는 시민들과 계엄군의 모습.
(출처: 위키피디아)

 탄핵은 권력 간 충돌과 정치적 긴장의 정점을 보여 주는 동시에, 민주적 헌정 질서를 유지하기 위한 제도이다. 현재 진행 중인 탄핵에 왜 정치적, 사회적 합의가 필요한지 이 책은 질문을 던진다. 탄핵은 단순히 사법적 절차가 아니라, 정치적 역학 관계와 국민적 여론, 그리고 예측 불가능한 변수들이 얽힌 복합적인 과정이다. 또한 탄핵은 권력 남용을 바로잡는 역할을 하지만 동시에 정치적 소모와 사회적 대립이라는 역설적 결과를 초래할 수 있다는 점을, 이철희는 이 책에서 보여 준다.

탄핵의 역사적 기원
탄핵은 14세기 영국에서 군주의 권력을 견제하기 위해 시작되었으며, 고위 공직자의 책임성을 강화하는 제도로 발전했다. 미국은

이를 차용하여, 공화정과 권력 분립 체제를 유지하는 핵심 장치로
탄핵을 활용했다. 이철희는 탄핵을 '헌정 질서를 유지하면서 나쁜
권력을 축출하는 절차적 장치'로 정의하며, 권력 남용과 헌법적 위
기를 해결하기 위한 수단으로 평가한다. 하지만 그는 동시에 탄핵
이 정치적 도구로 악용될 가능성과 당파성이 개입되는 본질적 한
계를 지적한다.

　　탄핵 제도가 도입된 이유는 첫째, 권력을 통제하고 민주주의
를 유지하기 위함이다. 탄핵은 권력이 집중되고 남용될 위험이 있
는 상황에서 이를 효과적으로 통제하는 장치로 설계되었다. 특히,
권력자가 법 위에 군림하지 않도록 하고, 공직자가 공익과 국민 신
뢰를 저버릴 경우 이를 바로잡는 헌법적 조치이다. 둘째, 헌정 체제
의 안정성을 확보하기 위함이다. 영국과 미국에서 모두 탄핵은 체
제 자체를 붕괴시키기보다는, 체제 내에서 권력 남용을 바로잡아
안정성을 유지하기 위한 수단으로 도입되었다. 이철희는 이를 두
고 탄핵은 '헌정 질서를 유지하면서 나쁜 권력을 축출하는 절차적
장치'라고 설명한다.

　　다른 한편 탄핵은 정치적 도구로 당파성을 지닌다. 탄핵은 본
래 법적이고 헌법적인 절차지만, 그 도입 배경에는 강력한 정치적
동기가 자리 잡고 있다. 권력 간 균형을 잡기 위한 제도적 수단이
지만, 실제로는 정치적 이해관계에 따라 악용될 가능성이 있다. 즉,
탄핵은 정치적 이해관계가 필연적으로 개입되는 것으로 의회에
서의 탄핵 소추 의결은 정당 간의 권력 균형과 정치적 계산에 따라
결정된다. 따라서 다수당이 정치적 우위를 확보하거나 반대 세력
을 제압하기 위한 수단으로 활용될 가능성이 크다. 이는 탄핵이 민
주적 책임성을 높이는 장치임에도 불구하고, 정치적 도구로 오용
될 수 있다는 의미다.

탄핵은 법적 성격을 가진 정치적 절차다. 따라서 법적 판단과 정치적 평정이 모두 필요하다. (……) 탄핵에 참여하는 주요 참여자들이 정치적 행위자들이고, 결정을 내릴 때 정치적 판단을 해야 할 뿐만 아니라 정치 세력 간의 경쟁에도 심대한 영향을 끼치기 때문에 정치적 절차다. 미국의 헌법 입안자들도 탄핵 시도를 추동하거나 과정에 개입하는 당파성을 경계했을 뿐 정치나 정치적 요인의 영향을 인정할 수밖에 없었다.(137쪽)

탄핵의 결정 요인

이철희가 탄핵을 결정하는 요인으로 지적하는 것은 다음과 같다. 첫째, 헌법적·법적 요건이다. 헌법 위반 여부와 그것이 국가와 공공의 이익에 심각한 해악을 끼쳤는지를 보여 주는 중대성, 그리고 이를 진행하는 법적 절차를 말한다. 둘째, 정치 환경이다. 탄핵을 추진하는 주체와 이를 저지하려는 세력 간의 정치적 힘의 균형을 보여 주는 의회의 구성과 정당의 입장, 정치 지도력과 전략, 정당 간의 협력 여부다. 셋째, 어쩌면 가장 결정적인 요인으로, 시민들이 권력자의 잘못에 대해 얼마나 강하게 분노하고 행동하는가, 즉 국민의 여론이다. 넷째, 경제적 불안 또는 부패와 비리 등이 촉발 요인이 된다. 다섯째, 헌법재판소나 대법원이 정치적 압력 없이 독립적으로 판단할 수 있는 환경, 즉 법치주의와 사법부의 독립성 등 법률 시스템이다.

이 요인들은 탄핵 과정이 단순히 법적 판단을 넘어 정치적, 사회적 맥락 속에서 이루어짐을 보여 준다. 특히 대중의 관심을 촉발하는 스캔들은 탄핵의 성공 가능성을 결정짓는 데 매우 중요한 요인으로 작용한다. 이는 단순히 법적 위반 여부를 넘어서, 대중적 관심과 분노를 불러일으켜 탄핵의 정치적 동력을 강화하기 때문이다. 스캔들은 고위 공직자의 위법 행위나 도덕적 실패를 대중적으로 부각함으로써, 국민적 분노와 관심을 촉발한다. 단순한 법적 위반 행위도 스캔들을 통해 구체화되면 더 큰 사회적 공분이 일어나는 것을 우리는 경험한 바 있다. 예를 들어, 박근혜 전 대통령의 탄핵 과정에서 '최순실 국정농단' 스캔들은 권력 남용이 국민 생활에 구체적으로 어떤 피해를 주었는지 드러나자 대규모 촛불집회로 이어졌다. 특히 우리나라의 민주주의 이행은 정당이 아니라 운동이 주도한 결과 대중의 행동, 즉 대규모 시위 등을 통해 확인되는 대중의 동의가 성공의 핵심 요인으로 작용해 왔다. 이것은 당파성을 지닌 탄핵이 대중적 보편성을 획득하는 과정이다.

노무현과 박근혜 탄핵의 비교

그러면 대표적인 두 번의 대통령 탄핵, 즉 노무현 전 대통령과 박근혜 전 대통령의 탄핵을 비교한다면? 두 대통령의 탄핵은 모두 헌법적 절차에 따라 진행되었으나, 사회적 여론과 탄핵 사유의 명확성, 정치적 환경에서 큰 차이를 보였다. 노무현 탄핵은 국민 다수가 사유를 정당하지 않다고 여겼으며, 경미한 법적 위반이 주된 근거였다. 반면, 박근혜 탄핵은 국정농단과 뇌물수수 등 명확한 헌법 및 법률 위반이 촛불집회를 통한 대중적 지지로 이어졌다. 정치적 환경 또한 달랐다. 노무현 탄핵은 야당 주도로 추진되었으나 국민 여론을 무시한 채 진행되어 역풍을 맞았다. 반면, 박근혜 탄핵은 여당 내 이탈표와 초당적 지지가 결집하며 성공할 수 있었다. 이는 탄핵이 단순한 법적 절차가 아니라 국민적 합의와 정치적 환경이 복합적으로 작용하는 과정임을 보여 준다.

　　결국 두 번의 대통령 탄핵에서 상반되는 결과가 나온 이유는 1) 사회적 여론과 국민적 지지, 2) 탄핵 사유의 명확성, 3) 정치적

2016년 10월 29일 청계광장에서 열린 첫 번째 박근혜 정권 퇴진 촛불집회.
(출처: flickr.com)

동력과 정당 간 협력의 차이, 4) 헌법 위반의 중대성이다. 탄핵은
헌법적 정당성뿐만 아니라, 국민적 동의와 사회적 합의가 필수적
이다. 박근혜 탄핵이 성공할 수 있었던 것은 촛불집회로 상징되는
국민적 동의와 강한 여론의 압박 덕분이었다. 반대로 노무현 탄핵
은 국민적 합의가 결여되어 정치적 역풍을 맞았다. 이철희는 탄핵
의 의미를 단순히 공직자의 처벌이 아닌, 민주적 헌정 질서를 지키
는 사회적 과정으로 정의한다. 이는 권력 남용에 대한 경고이자, 국
민이 정치에 직접적으로 참여하여 헌정 질서를 수호할 수 있음을
보여 주는 사례이다.

탄핵과 민주주의: 정치의 복원을 통한 사회적 합의

탄핵은 민주적 헌정 질서를 지키고 국민이 위임한 권력을 권력자
가 남용하지 않도록 하는 정치적 과정으로 매우 중요한 의의를 갖

는 제도이다. 그러나 역설적으로 정치적 과정 자체를 위축하는 역설적인 결과를 초래하기도 한다. 정치란 다양한 이해관계를 가진 집단이 이해관계의 충돌을 조정하여 갈등을 줄이고 공동체를 유지하는 과정이다. 탄핵은 정당 간의 극심한 갈등을 초래하고, 입법부와 행정부 간의 협력적 관계를 파괴할 수 있다. 대통령이나 고위 공직자가 탄핵 위기에 처할 경우, 국가 운영이 마비되거나 중요한 정책 추진이 중단될 위험이 생긴다. 또한 탄핵은 정치적 갈등을 해결하는 대신, 문제를 법적 영역으로 넘기며 정치권의 책임 회피를 초래할 수 있다. 정치적 논의와 타협 대신 탄핵이라는 극단적인 수단에 의존하면, 대의 민주주의의 본질적인 기능이 위축될 수 있는 것이다. 국민 여론을 둘로 나누고, 정치적 분열과 대립을 심화하고, 특히 탄핵이 정치적 이해관계에 의해 추진되었을 경우 결과적으로 민주주의를 지탱하는 신뢰를 약화할 위험이 증폭되고 사회적 분열을 가속화한다.

　이런 의미에서 탄핵은 민주 헌정을 위한 최후의 수단으로, '제도적 자제(institutional forbearance)'가 필요하다고 이철희는 주장한다. 탄핵은 헌법과 법치주의를 유지하기 위한 극약으로 사용되어야 하며, 경미한 헌법 위반이나 단순 정치적 불만으로 탄핵이 남용될 경우 헌정 질서와 민주주의의 안정성을 해칠 수 있다. 정치적 갈등이나 공직자의 실책은 먼저 정치적 논의와 타협을 통해 해결하려는 노력이 선행되어야 한다. 탄핵은 정치적 과정이지만, 그것이 지나치게 잦아지거나 남용될 경우 정치권의 자율성과 책임성이 훼손되는 일을 방지하기 위한 것이 제도적 자제이다. 제도적 자제는 민주주의의 핵심인 대화와 타협, 그리고 법치주의의 존중을 유지하기 위한 중요한 원칙이다. 따라서 탄핵 과정은 반드시 헌법과 법률에 근거해야 하며, 정치적·헌법적 정당성과 법적 중립성을 지키

2024년 12월 14일, 우원식 국회의장이 윤석열 대통령에 대한 탄핵소추의결서를 결재하고 있다. (출처: 대한민국 국회)

는 것이 탄핵의 성공 여부와 관계없이 민주주의의 신뢰를 유지하는 데 필수적이다.

　'탄핵 민주주의'는 탄핵이 정당 간 대립이나 권력 투쟁의 도구로 사용되는 것이고, 이로 인해 정치적 갈등이 더욱 심화되고 국민의 정치적 분열을 가져온다. 민주주의는 정치적 갈등을 대화와 타협을 통해 해결하는 시스템이지만 탄핵이 일상화되면 민주적 절차가 약화된다. 나아가 선거를 통해 국민이 부여한 권력을 정치적 도구로 박탈하려는 시도가 되어 선거 제도의 정당성을 훼손한다. 그리고 결과적으로 국민은 정치 체계에 대한 신뢰를 잃고, 민주주의 자체에 대한 회의감을 가지게 된다. 특히 여기서 우리는 탄핵이 일상화될 때 당파성이 심화되고 탄핵 심판을 담당하는 헌법 기관도 당파성에 오염되어 사회 갈등을 더욱 심화하는 것에 주목해야 한다. 헌법 기관이 정파성에 오염된 결과는 도널드 트럼프 대통령의 2020년 대선 결과 뒤집기 시도 혐의에 대해 미국 연방대법원이 "대통령의 재임 중의 공적 행위(official acts)는 면책 대상이다"라고 한 판결에서 볼 수 있다. 이 판결은 탄핵을 규정한 미국 헌법 제2조 제4항 "반역, 뇌물수수, 기타 중대 범죄 및 비행(high crimes and misdemeanors)"을 무력화하고 민주주의를 위협하는 제왕적 대통령이 탄생하게 하는 길을 열어 버린 것이다.

12·3 비상계엄 사태로 촉발된 윤석열 대통령에 대한 탄핵 절차의 진행 과정에서 우리는 민주공화국을 지탱하는 서로 다른 이해를 갖는 집단의 사회적 합의 절차로서 정치를 없애고 극단적 대립과 헌법 기구 자체를 부정하는 움직임을 관찰할 수 있다. 대통령이 사적인 목적을 위해 국가의 무력으로 헌법 기관의 작동을 멈추려 한 데 이어 대중 동원을 통해 이 행위의 정당성을 찾으려 하고, 민주주의의 근간인 선거 제도를 부정하고 법원에 난입하는 극단적 대립이 나타나고 있다. 사실 이는 탄핵 제도가 내재적으로 가지고 있는 불완전성에 기인한다. 이 불완전성은 법적 정당성뿐만 아니라 사회적 합의를 통해 보완되어야 한다. 따라서 작금의 탄핵 정국이 단순히 한 권력자의 축출 여부를 넘어, 민주적 헌정 질서를 유지하고 강화하기 위한 사회적 합의를 형성하는 계기가 될 것인지 주목해야 한다. 나아가 이철희는 이번 탄핵 국면에서 우리가 탄핵 제도의 특성을 정확히 이해하고, 민주주의를 지켜 내는 방법을 찾아야 한다고 주장한다.

한국의 두 탄핵 사례는 한국 민주주의에 대한 모순적 사실을 확인해 준다. 하나는 탄핵이란 극단적 조치가 권력투쟁의 수단으로 동원될 정도로 한국의 대통령제 민주주의가 아직 성숙하지 못했다는 사실이다. 의회도, 대통령도 권력을 절제할 줄 아는 분별력, 제도적 자제력을 발휘하지 못했다. 다른 하나는 탄핵이란 헌법적 처방을 통해 대통령제 민주주의의 병폐를 평화적으로 해결할 정도로 한국의 민주주의가 공고화했다는 사실이다.(262쪽)

이번 탄핵 과정에서 이 주장이 더욱 강화되기 위해서 우리가 해야 할 일은 무엇인지 자문해 보아야 할 것이다. 서리북

이용우
제21대 국회의원, 전 카카오뱅크 공동대표, 한국투자신탁운용 최고투자책임자, 서울대학교 경영대학 객원교수, 경제더하기연구소 대표. 저서로 『두 발로 선 경제』, 『이용우의 플랜』이 있다.

📖 한국 사회의 압축 성장 시대가 마감됨에 따라 나타나는 구조적 위기를 다룬다. 한국 사회는 인구 감소, 지역 소멸, 경제 불균형, 노동 시장 변화 등의 문제를 압축적으로 경험하고 있다. 이러한 변화 속에서 기존의 성장 패러다임은 한계에 봉착했으며, 새로운 사회적 대응이 필요하다고 주장한다. 젊은 세대가 자신들은 부모 세대보다 잘살 수 없다며 좌절하는 시대에 사회적 통합이 아닌 갈등이 격화되고 그 해결을 극단에서 찾는 과정에 등장한 것이 '탄핵의 일상화'이다. 정치의 복원을 위해 무엇을 해야 할지 생각해 볼 거리를 제공해 준다.

『압축 소멸 사회』
이관후 지음
한겨레출판, 2024

"이 재앙을 막을 수 있는 유일한 희망은 '정치'에 있습니다. 저는 정치란 정치·경제·사회적 문제에 직면한 공동체에서 갈등의 표출이 폭력적인 수준으로 격화되는 것을 막고, 최대한 비폭력적인 방식으로 사람들을 설득하고 합의를 이끌어 내어 원만하게 문제를 해결하는 하나의 방식이라고 생각합니다. (……) 이런 정치가 잘 이루어지려면 좋은 제도가 있어야 하고, 그 제도들을 잘 운영할 줄 아는 정치인과 시민들이 필요합니다."— 책 속에서

📖 2016년 도널드 트럼프 미국 대통령 당선 이후 민주주의 자체가 무너지는 과정에 대해 쓴 책이다. 이 책에서 저자들은 극단적 포퓰리스트가 어떻게 등장하고, 합법적으로 민주주의를 파괴하는지 설명한다. '후보를 가려내는 역할을 내던진 정당', '경쟁자를 적으로 간주하는 정치인', '언론을 공격하는 선출된 지도자' 등은 민주주의의 붕괴를 알리는 명백한 신호이다. 탄핵 국면의 한국에서도 이런 조짐이 보이고 있다. 저자들은 민주주의를 지키는 것은 성문화되지 않은 규범이고, 그 가운데서도 핵심 역할을 하는 것은 '상호 관용'과 '제도적 자제'라고 말한다. 탄핵 국면을 슬기롭게 넘기고 민주주의를 회복하기 위해 어떤 규범을 지켜야 할까? 이철희의 책도 같은 문제의식에서 출발한 것이다.

『어떻게 민주주의는
무너지는가』
스티븐 레비츠키·
대니얼 지블랫 지음
박세연 옮김
어크로스, 2018

"민주주의 기반이 아무리 튼튼하다 해도 극단주의자는 어느 사회에나 있기 마련이다. (……) 기성 정당이 두려움과 기회주의, 혹은 판단 착오로 인해 극단주의자와 손을 잡을 때 민주주의는 무너진다." — 책 속에서

Justifying Injustice

히틀러의 법률가들

법은 어떻게
독재를 옹호하는가

헤린더 파우어-스투더 지음
박경선 옮김

진실의 힘

『히틀러의 법률가들』
헤린더 파우어-스투더 지음, 박경선 옮김
진실의힘, 2024

법은 어떻게 정의와 멀어지는가:
나치가 구상한 법의 세계

이황희

책을 읽기 전에 그 책의 내용을 미리 추측해 보고는 한다. 책 제목 (원저명 포함), 저자의 이력, 책을 둘러싼 사회적 반응 등으로부터 도움을 받는다. 나는 책에 관한 추측의 가장 극적인 장면으로 늘 움베르토 에코의 『장미의 이름』을 떠올린다. 주인공 윌리엄은 어느 수도원에서 연이어 발생한 의문의 죽음을 파헤치는 과정에서 사건의 중심에 아리스토텔레스의 『시학』 제2권이 있고, 그 내용은 희극에 관한 것임을 추론한다. 이 대목에서 그는 자신을 '읽지 않고도 책의 내용을 말할 수 있는 사람'이라고 평하는데, 이 말이 그렇게 근사해 보일 수가 없었다.

나 역시 책을 집어 들 때마다 '읽지 않고도 내용을 말할 수 있는 사람'이 되기 위해 노력해 본다. 대체로 책의 내용을 추측하는 데 가장 유용한 자료는 제목이다. 헤린더 파우어-스투더(Herlinde Pauer-Studer)의 『히틀러의 법률가들』을 만났을 때, 제목만으로 많은 것이 전달되는 느낌이었다. '부정의의 정당화(Justifying Injustice)'라는 원저명, '법은 어떻게 독재를 옹호하는가'라는 국역본의 부제 역시 제목이 주는 첫 느낌을 뒷받침해 주었다. 이즈음에서 나는 마치 윌리엄이라도 되는 양 책장을 열어 내 예측의 당부를 확인해 본다. 늘 그렇듯이 나의 추측은 맞기도, 틀리기도 한다. 그러나 어느 쪽이든 상관없다. 맞는 추측은 디테일로 얼개를 채워 가는 즐거움을 주고, 틀린 추측은 반전의 묘미를 주기 때문이다.

나치, 근대 입헌주의의 성취를 전복하다

사람들은 '법'을 정의로운 것으로 여긴다. 법(法)이라는 글자에 포함된 물(水)은 '공평함'을 상징한다. 많은 서구 언어들에서도 법이라는 어휘는 '올바름'이나 '정당함'을 지시한다. 예컨대, 독일어 'Recht', 프랑스어 'droit', 이탈리아어 'diritto', 스페인어 'derecho' 등이 그렇다. 이 어휘들은 법과 정의가 개념적으로 밀접하게 연관되어 있다는 생각을 암시한다.

그러나 '내용적으로 부정의한 법'의 존재는 이러한 개념적 연관에 근본적인 의문을 가져왔다. 이런 법은, 그것을 준수하면 부정의한 상태가 발생하고, 준수하지 않으면 그 자체로 위법한 상태가 된다. 부정의한 법의 딜레마는 고대 그리스 극작가 소포클레스의 「안티고네」에서 제시된 이래 법이론의 오랜 난제로 이어져 왔고, 20세기 나치(Nazi)의 사례에서 그 절정을 맞이했다.

잘 알려져 있듯이, 나치는 파시즘과 인종주의가 결합된 민족사회주의(Nationalsozialismus)의 약어이다. 산업혁명 이후 시장 체제에 기초한 경제적 자유주의가 확산하는 과정에서 사회의 파편화나 공동체 붕괴 같은 부작용도 함께 초래되었는데, 이는 좌파와 우파로부터 모두 비판적 반작용을 불러왔다. 좌파의 대표적인 반응이 사회주의였다면 우파의 그것은 파시즘이었다. 칼 폴라니는 『거대한 전환』에서 이러한 반응을 사회 보호를 위한 '이중 운동'의 한 축으로 해명한 바 있다.

　　파시즘은 국가나 민족 같은 집단적 결속을 추구하는데, 그 방식이 매우 권위주의적이었다. 집단을 개인보다 우위에 놓다 보면, 개인의 자유는 집단의 이익을 위해 뒷전으로 밀리기 마련이다. 문제는, 이것이 그때까지 축적되어 온 근대 입헌주의의 성취들과 상충한다는 점이다. 나치 법이론이 맞닥뜨린 가장 큰 도전은 바로 이 성취들을 뒤엎어야 한다는 것이었다.

　　근대 입헌주의는 18세기 말 미국과 프랑스에서 발생한 시민혁명의 결과로 탄생했는데, 이 새로운 이념은 신분이 아닌 개인을 사회 질서의 출발점으로 삼았다.* 여기서 개인은 과거에 사회를 하나의 질서로 묶어 주었던 종교나 인습의 속박으로부터 벗어나, 평등한 자유의 주체로서 각자가 자신의 도덕적 세계의 중심으로 간주되었다. 평등한 자유의 사적·공적 실현이라는 규범적 이상은 인권과 민주주의를 위한 지속적인 요구를 생성했고, 이는 그에 적합한 정치적 질서를 만들어 나가는 동력이 되었다. 이로써 국가 권력은 개인의 자유를 보장하기 위한 제도적 수단으로 자리매김했다. 이제 권력은 분할되어야 하고, 상호 견제되어야 하며, 법에 구속되어야 한다.

　　파시즘의 영향에 따라 개인에 대한 집단의 우위를 관철하고자 한 나치는 이러한 근대 입헌주의의 역사적 기획과 대결을 피할 수 없었다. 우선, 근대 입헌주의의 자장 안에 놓여 있는 바이마르 헌법의 규범적 영향력을 극복해야 했다. 이 극복은 특히 '수권법'이라 불리는 '민족과 제국의 비상사태 해결을 위한 법'(1933.3.24.)과 '제국 재건에 관한 법'(1934.1.30.)을 통해 이루어졌는데, 전자는 "정

---

* 근대 입헌주의의 기획과 논리에 관한 이 단락의 내용은 이황희, 「헌법재판소와 법치적 민주주의」, 박종민 엮음, 『한국의 민주주의와 법의 지배』(박영사, 2022), 41쪽 이하의 내용을 일부 참조했다.

1933년 2월 27일 밤, 독일 국회의사당에 일어난 화재. 나치는 이 사건을 공산주의자들의 계획적 범행이라 규정하고, 다음 날 국가 비상사태를 선포했다. 이로 인해 바이마르 헌법이 보장한 시민의 기본권이 정지되고, 수천 명의 공산당원과 반대 세력이 체포되었다.(출처: 위키피디아)

부가 의회의 감시 없이도 법을 제정하고 헌법을 수정할 수 있도록 승인"(69쪽)한 법이고, 후자는 "각 주의회를 중단시키고 그 주권을 제국에 넘김으로써 독일의 연방 구조를 뒤엎어"(70쪽) 버린 법이다. 두 법은 모두 형식적으로는 바이마르 헌법으로부터 탄생했으나, 내용적으로는 자신을 잉태한 헌법을 사망에 이르게 했다는 역설을 남겼다.

　다음으로, 개인과 국가의 지위 또한 재설정해야 했다. 국가 권력이 개인의 평등한 자유를 위한 수단이라면, 그것은 이 자유를 보장하고 실현하는 데 유효한 모습으로 구조화되어야 한다. 따라서 국가 권력은 적극적으로는 개인의 자유를 보장하기 위해 필요한 충분한 역할을 수행해야 하는 동시에, 소극적으로는 그러한 자유를 침해하지 않도록 규제되어야 한다.

　이런 구도를 극복하는 것 역시 나치 법률가들의 목표였다. 그들은 먼저 근대 입헌주의의 주축을 이루는 개인의 자유와 권리를 '보편적인 것'이 아닌 '맥락적인 것'으로 재규정했다. 이러한 자유와 권리는 "19세기 군주국가를 겨냥했던 종류의 운동에서나 성립한다"(78쪽)는 것이다. 개인의 주관적 공권을 강조하는 생각은 '통치자와 시민이 대립하는 체제'와 같은 특정한 역사적 국면에서나 유의미하므로, 나치 국가처럼 개인이 민족공동체의 구성원이 된 새로운 질서에서는 이러한 권리가 필요하지 않다고도 했다. 여기서 개인은 민족공동체의 질서에 따르는 범위에서만 법적 지위를 누리게 된다. 또 "법은 개인의 이익을 보호하는 대신 공동체를 육성"(21쪽)하는 역할을 맡아야 했다.

　개인의 자유와 권리에 대한 의식이 약화되면, 국가 권력의 남용에 대한 경계심도 함께 사라질 수밖에 없다. 나치 법률가들이 권력 분립, 견제와 균형 같은 근대 입헌주의의 요소와 손쉽게 결별할 수 있었던 것은 그 때문이다. 그들은 권력의 집중을 정당화하고, "한 사람의 손에 최고의 정치적 리더십이 온전히 주어지는 것이 중요하다"(98쪽)라고 주장했다. 권한의 남용 문제는 정치적 지도자의 개인적 자질을 통해 방지할 수 있다고도 보았다.

　여기서 말하는 정치적 지도자는 아돌프 히틀러 같은 인물을

가리킨다. 히틀러는 파울 폰 힌덴부르크 대통령이 지명한 총리였
으나, 힌덴부르크 사후에는 대통령의 지위까지 이어받아 대통령
과 총리의 역할, 권한을 모두 거머쥔 총통이 되었다. 나치 법률가들
은 총통에게 "형식적 합법성을 초월하고 법 위에 있는 정의 개념
을 인정하는 리더십"(99쪽)을 부여했다. 그는 '민족의 수탁자'로서
"민족적 의미에서 정의와 결합"(99쪽)된 자였다. 여기서 입법, 행정,
사법이라는 전통적인 권력 분립은 더 이상 유용하지 않다. "총통
의 절대권력"(217쪽)만이 의미를 가질 뿐이다. 나치 국가의 법은 이
제 입법의 형식을 빌린 지도자의 정치적 의지일 뿐이며, 총통은 입
법에 관한 모든 권한을 갖는다고 여겨졌다. 총통의 의지는 의회 다
수파에 의해 제한될 수도 없고, 총통의 의지에서 비롯되는 법률은
사법 심사의 대상에서도 배제되었다.

　　이로써 나치는 민족공동체를 중심으로 한 파시즘의 새로운
법이론을 큰 틀에서 구성해 낼 수 있었다. 그러나 이 이론은 본래
자유로운 자라는 개인의 법적 지위를 허물어 민족공동체의 질서
에 예속된 자로 격하시켰다. 또한 지도자가 권한을 남용하리라는
의심과 그에 대한 대비책이 전무했다. 권력 분립이나 견제와 균형
원리의 역할은, 지도자가 자신의 권력을 올바르게 행사할 수 있는
자질을 가진 사람인지에 관한 우연과 행운의 문제로 대체되었다.
헌정은 예측 가능성과 안정화 기능을 상실하고, 지도자 개인의 인
격이 발휘하는 임의적 효과 아래 파묻혀 버렸다. 말하자면, 나치 법
이론은 18세기 후반 이래 축적되어 온 근대 입헌주의의 성취를 완
전히 전복해 버린 것이다.

나치, 도덕을 법에 새기다

이러한 전복을 위해 나치 법률가들이 채택한 전략은 무엇일까. 이

책의 저자는 그 중심에 법의 도덕화 기획이 있었음을 강조한다. 이 부분은 저자가 세간의 통념을 논박하는 곳이다. 그간 주류적인 설명은 나치 정권이 법을 이용해 무도한 행태를 보일 수 있었던 책임을 법실증주의에서 찾아 왔다.* 법실증주의는 법과 도덕을 분리하여 사고하는 탓에, 나치의 부정의한 법을 유효하게 통제하지 못했다는 것이다. 그러나 저자는 나치 법률가들이 법실증주의에 매우 비판적이었음을 지적한다. 오히려 그들은 "법과 도덕의 통합"(244쪽)을 옹호했고, 저자는 이것을 나치 법이론의 가장 큰 특징으로 규정한다.

혹자는 여기서 의문을 품을지도 모른다. 법의 도덕화는 그 자체로 나쁜 일인가? 기실 법과 도덕이 연관되어 있는지, 분리되어 있는지는 법학이 탐구해 온 전통적인 물음이었다. 예컨대, 근대 계몽주의를 주도한 자연법론은 법과 도덕의 연관성을 주장하는 대표적인 법이론이다.

그러나 나치 법이론의 문제는, 법과 도덕의 연관성 그 자체가 아니라, 법이 어떤 도덕과 연관되어 있는가에 있었다. 도덕이란 사람들이 더불어 살아가는 과정에서 요구되는 행동과 그 조정에 관한 규범 체계를 말하는데, 우리는 통상 정직, 성실, 타인에 대한 존중 등을 떠올린다. 그 반면에, 나치는 다른 방향의 도덕을 추구했다. 그들은 민족공동체나 인종적 동질성 개념을 법의 도덕화를 위한 토대로 삼고, 명예, 충성, 품위 같은 윤리적 개념을 법적 개념으로 변형시켰다. 인종적 균등 같은 "동질적 민족공동체 신화"(251쪽)의 요소들도 법 안으로 들어오기 시작했다. 이 과정에서 도덕에 이

---

* 법실증주의는 법을 도덕으로부터 분리된 것으로 이해하므로, '존재하는 법'과 '존재해야 할 법'을 다른 문제로 바라본다. 따라서 법의 연원을 도덕이 아니라 사회적 사실에서 찾는다. 더 상세한 내용은 김정오 외, 『법철학』(박영사, 2022, 제3판), 17쪽 이하.

데올로기적인 왜곡이 발생했고, 옳고 그름에 관한 기준이 재편되었다. 이처럼 변질된 새로운 규범 체계는 우리가 익히 아는 바와 같은 매우 끔찍한 결과로 이어졌다. 이는 정치적 살인마저도 윤리적 의무로 확신한 나치 친위대, 유대인을 박해한 인종주의적인 입법과 같은 역사의 흉물들을 남겼다.

한편, 나치 법률가들이 추구한 법의 도덕화는 국가 권력이 개인의 내적 영역에 더 깊이 개입할 수 있는 근거를 마련해 주었다. 법 규범과 윤리 규범의 차이를 지운다면 국가는 행위에 관한 외적 자유의 영역만이 아니라, 내심(신념, 가치, 동기 등)에 관한 내적 자유의 영역에까지 영향을 끼칠 수 있게 된다. 원래 윤리에 관한 내심의 문제는 사적 자율의 대상일 뿐 국가 입법의 대상이 아니었다. 내면의 윤리적 헌신은 개인의 고결함에 관한 문제이지 국가의 강제력이 미칠 수 있는 문제가 아니기 때문이다. 그러나 법이 도덕을 자신의 내용으로 동원한다면, 단순한 규범의 준수만이 아니라 윤리적 동기까지 요구할 수 있게 된다. 정권의 권력 강화라는 결과는 불가피했다.

나치 법이론의 재생을 막으려면

나치가 형식적일지언정 법이라는 매체, 혹은 합법성 요청을 부정하지 않았다는 측면은 최소한이나마 어떤 함의를 가질 수 있을지도 모른다. 마음먹기에 따라서는 법을 초월한 통치도 시도할 수 있었겠으나, 그들은 적어도 법이라는 형식 자체를 완전히 거부하지는 않았다. 이로써 나치 사례는, 이제는 그 어떤 무도한 독재 세력이라도 자신의 정당성을 위해 법이라는 매체 자체를 포기하려 들지는 않는다는 냉소적인 교훈이나마 남긴 셈이다. 또한, 나치 이후 인류는 부정의한 법의 딜레마를 해결하기 위한 방안을 적극적으로 모색했는데, 역설적이게도 오늘날 권리장전과 헌법재판의 보편화 현상은 나치 경험과 그에 대한 성찰에 힘입은 바가 크다.

그러나 이러한 냉소적인 혹은 역설적인 함의를 압도할 만큼, 나치의 존재는 인류사에 너무나도 큰 해악을 끼쳤다. 인간 존엄성의 말살, 홀로코스트, 전쟁 범죄 등 이루 다 언급할 수 없을 정도이다. 그리고 이 과정은 나치 법률가들과도 무관하지 않았다. 나치는 새로운 논리로 기존의 입헌주의적인 성취를 무력화하고 자신들의 철학과 행동을 정당화했는데, 이 과정에서 법률가들이 중요한 역할을 수행했음은 부인할 수 없는 사실이다.

그렇다면, 나치 법이론의 재생을 막으려면 무엇이 필요할까. 그릇된 도덕에 매몰되어 있었던 나치와 달리, 올바른 도덕을 법에 새기기 위한 노력을 해야 한다는 주장도 있다. 그러나 저자는 법과 도덕의 분리라는 법실증주의의 핵심 주장을 옹호하면서 "도덕과 법을 별개의 규범 영역으로 다루어야"(276쪽) 함을 강조한다. 그와 동시에 공표성, 투명성, 이해 가능성, 신뢰성, 예측 가능성, 일관성, 소급 입법 금지 같은 조건들을 법체계의 규범적 요건으로 설정함으로써 자의적인 권한 행사를 억제할 수 있다고 본다. 여기에 공정성, 법 앞의 평등, 적법 절차, 공정 절차 등을 포괄하는 정의 개념을 추가함으로써 법체계를 구성해야 한다고 주장한다. 우리로 치면 이들은 헌법의 실정 규범과 기본 원리로 포섭할 수 있는 내용이다. 우리가 헌법을 제대로 실현한다면, 충분히 달성할 수 있는 과제들이다.

이 대목에서 나의 생각을 덧붙이며 글을 마치고자 한다. 앞서 설명한 바와 같이, 나치에 의한 법의 타락은 자연적인 현상이 아니라 인위적인 노력의 산물이었다. 반대로 말하자면, 그 같은 법의 타락을 방지하는 과제도 자연적으로 달성되지 않는다. 이 역시 그러한 타락을 막기 위한 의식적인 노력의 대상이다.

법의 정당성을 내재적으로 산출해야 하는 근대 입헌주의에서 법은 민주적으로 제정된 실정법이며 헌법이 정한 요건에 따라 비로소 확정된다. 그러나 헌법이 정한 요건 자체만으로 법의 타락 가능성이 차단되는 것은 아니다. 법의 타락을 막는 최후의 방벽은 정의로운 법에 의해 통치되기를 원하는 국민의 요구와 이를 위한 실천이다. 법에 대한 최종적인 감독자는 법의 궁극적인 작성자인 국민이기 때문이다.

'히틀러의 법률가들'이 표상하는 법의 왜곡과 남용 위험은 독일의 나치 시대라는 특정한 국면에서 발견되는 이례적 현상이 아니다. 오히려 인류가 법을 만들어 살아온 동안 늘 함께 존재해 왔다고 해도 과언이 아니다. 이것은 현재 우리 사회라고 해서 다를 까닭이 없다. 법은 정의와 멀어질 수 있는가? '히틀러의 법률가들'로부터 법을 보호하지 못한다면, 우리도 언제든 그런 불행에 처할 수 있음을 잊어서는 안 된다. **서리북**

이황희
헌법재판소에서 헌법연구관으로 10여 년간 근무했고, 현재 성균관대학교 법학전문대학원 교수로서 헌법을 강의하고 있다. 저서로는 『애덤 스미스와 국가』 등이 있고, 주요 논문으로는 「헌법재판과 공적 참여」, 「헌법재판소와 법치적 민주주의」, 「민주제의 이론사적 좌표」 등이 있다. 자유와 공존의 조건으로서 헌법의 의미, 그 배후의 헌법철학, 법적 실행인 헌법재판을 연구 중이다.

📖 나치 법이론은 독일 공법사의 한 조각이다. 독일 공법사의
거장인 미하엘 슈톨라이스가 저술한 이 책은 우리에게
16세기 이후 독일 공법의 전개 양상을 압축적이고 흥미롭게
보여 준다.

"법의 역사는 규범적 사고와 인간의 행동이 서로 어떻게
상호작용하는지를 알아내는 데 집중할 수 있다."
— 책 속에서

『독일 공법의 역사』
미하엘 슈톨라이스 지음
이종수 옮김
푸른역사, 2022

📖 나치 이후 독일은 법의 타락을 막기 위한 여러 방안을
모색했는데, 그 중심에는 연방헌법재판소를 통해 법이
국민의 기본적 권리를 침해하지 않도록 하려는 노력이
있었다. 폴커 키츠는 이 책에서 동독 경비병 사건 등 법과
정의에 관한 근원적인 질문을 던졌던 독일의 대표적인
판례들을 소개한다.

"모든 변화 뒤에는 잘못되었음을 확신했던 누군가가 있었다.
(……) 이 책에서 읽게 될 그들의 사건이 없었다면 오늘날
독일의 법은 다른 모습일 터이다." — 책 속에서

『법은 얼마나 정의로운가』
폴커 키츠 지음
배명자 옮김
한스미디어, 2023

로마 공화정의 몰락

독재의 탄생

에드워드 와츠 지음 · 신기섭 옮김

Mortal Republic: How Rome Fell into Tyranny

마르코폴로

『독재의 탄생』
에드워드 와츠 지음, 신기섭 옮김
마르코폴로, 2024

로마 공화국의 몰락, 역사는 반복하는가

김경현

조그만 도시국가에 불과했던 로마 공화국은 거대한 제국으로 발전했을 뿐만 아니라 대한민국을 포함한 현대 민주주의 국가들이 모델로 삼는 정체를 만들어 냈다. 그런데 이런 정치적·군사적 성공과는 별개로, 기원전 27년 로마에는 1인 지배 체제(프린키파투스)가 들어섰다. 로마 공화국의 성장과 몰락은 당대 로마인뿐만 아니라 후대 많은 역사가의 관심사가 되었다. 그런데 에드워드 와츠(Edward J. Watts)의 관심은 학문적 호기심보다는 자신의 조국인 미국이 처한 현재의 정치적 상황에서 비롯되었다는 점이 흥미롭다. 그는 "현대 독자들이 공화국의 본질과 공화국의 실패가 초래하는 결과에 대해 특히 유의해야 하는 순간"(27쪽)이기 때문에, 공화정 몰락의 이유를, 즉 왜 로마가 정치적 자유를 포기하고 독재를 수용했는지를 설명해야 한다고 강조한다.

로마 공화국은 왜 몰락했는가?

와츠는 보통의 다른 저자들과는 달리 기원전 133년이 아니라 피로스 전쟁이 발발했던 기원전 280년에서 출발하여 아우구스투스

의 체제를 위협하는 위기가 발생했던 기원전 22년에 와서야 길지
만 명쾌한 여정을 마무리한다. 그는 서론의 역할을 하는 1장(독재 내
자유)에서 책의 목적과 필요성 및 요지를——공화국의 가장 중요한
기능은 "법이 지배하고, 타협을 촉진하며, 대표자 집단이 통치 책
임을 나누며, 뛰어난 관리자에게 보답하는"(27쪽) 정치 공간을 창조
하는 것이다——분명하게 제시한 뒤에, 나머지 11개의 장을 크게 네
부분으로 구분하여 자신의 이야기를 전개한다.

　　2-3장은 먼저 로마 공화국의 군사적 승리와 그것의 이유를 제
시한다. 2장(새로운 세계 질서)에서 저자는 피로스 전쟁(기원전 280-275년)
과 제1·2차 포에니 전쟁(기원전 264-241년, 218-201년)에 관해 기술하면
서, "로마는 나라를 지키기 위해 싸울 시민군을 동원하는 데 뛰어
난 능력을 발휘했을뿐더러 지도자들과 동맹 세력 내에서 정치적
합의를 도출하는 데도 남다른 능력이 있었다. 로마는 또 (……) 명예
로 충성에 보답하는 강력한 보상 체계도"(38쪽) 갖췄기 때문에 위기
를 극복하고 승리할 수 있었다고 설명한다. 그리고 3장(제국과 불평
등)은 전 장에서 언급한 장점이 기원전 2세기의 전반부에도 잘 작
동했기 때문에 이어지는 제2·3차 마케도니아 전쟁(기원전 200-196년,
172-168년)과 제3차 포에니 전쟁(기원전 149-146년)에서도 승리하여 지
중해 최고의 제국으로 발전했음을 재확인한다. 하지만 팽창이 "소
수의 승자들에게 큰 부를 가져다주었지만, 새로운 빈곤층의 좌절
감과 일부 옛 지배 계층의 권력 상실에 대한 우려는 격렬한 포퓰리
즘이 일어날 여건을 조성"(90쪽)했음을 언급하면서 불평등이 초래
할 위험성에 대해 경고한다.

　　4-6장은 전 장에서 언급했던 경제적 불평등의 결과를, 즉 새
로운 유형의 정치가들의 등장과 그들이 조장한 정치적 폭력을 상
세하게 다룬다. 그라쿠스 형제의 개혁을 상세하게 다룬 4장(좌절의

로마 정치와 문화의 중심지로 개선식, 대중 연설, 선거, 검투사 경기 등 중대 행사가 열렸던 로마 포룸(Forum Romanum). 로마 구도심의 중심부에 위치해 있으며, 현재는 몇몇 잔해와 기둥만 남아 있다.(출처: 위키피디아)

정치)에서 와츠는 그 이전에도 대중의 불만을 이용하려 했던 정치가(주로 호민관)들이 있었음을 언급한다. 그러나 와츠는 "그들 중 누구도 로마 공화정의 안정을 위협하는 짓은 하지 않았"(101쪽)던 반면 두 형제는 공화정의 오랜 규범을 깨뜨리고, 자신들이 "정의롭다고 믿은 정치 프로그램을 추진할 도구로 위협과 협박의 사용을 일상화"(116쪽)한 정치가로 규정하고 있다. 5장(국외자의 부상)은 원로원 계급이 아닌 마리우스가 유구르타 전쟁(기원전 112-106년)을 통해 부상하는 과정을 설명한 후, 그가 다른 선동 정치가인 사투르니누스와 글라우키아와 제휴하여 일반 대중과 퇴역 군인들을 이용해 휘둘렀던 정치적 폭력들을 구체적으로 보여 준다. 동맹 시 전쟁과 그것이 로마의 이탈리아 통제에 미칠 위협 그리고 제3차 미트리다테스 전쟁(기원전 74-63년)이 초래한 경제적 충격에 대해 자세하게 서술하는 6장(공화국 균열)은 술라와 같은 군사령관들이 자신들의 야망

을 실현하기 위해 군대를 동원함으로써 공화국의 정체가 본격적
으로 변하기 시작했다고 지적한다.

이어지는 7-9장은 술라 이후부터 카이사르와 폼페이우스의
내란 발발 직전까지의 상황을 기술한다. 7장(잔해 속에서의 재건)에서
레피두스의 반란, 세르토리우스 전쟁, 스파르타쿠스의 노예 반란
등을 다룬 와츠는 폼페이우스와 크라수스와 같이 공직 보유 경험
이 없는 사적인 개인들이 정치적 무대에 등장하는 과정을 상술하
면서, 그래도 그 둘은 "공화국이 제공하는 관직과 명예를 계속 추
구하게 되지만, 정치 체제가 허용하는 도구만 이용했다"(205쪽)고
평가한다. 8장(이류들의 공화국)은 크라수스와 폼페이우스가 콘술(집
정관)직을 마친 후 등장했던 인물들을 능력과 재력이 떨어지는 인
물(퀸투스 메텔루스, 마르쿠스 메텔루스, 가비니우스, 코르넬리우스, 만리우스)과 이
들과는 달리 뛰어난 기량을 지닌 새로운 인물(키케로, 카이사르, 카토)로
구분하여 상술한다. 기원전 59년 제1차 삼두정치가 등장하고 이후
다시 갱신되는 배경에 관해 서술하는 9장(휘청거리며 독재를 향해)은 그
이유를 카토, 푸블리우스 클로디우스 풀케르와 밀로와 같은 정치
가들에게 찾는다.

책의 마지막이면서 가장 중요한 10-12장은 로마 공화국의 마
지막 몇십 년을 다룬다. 10장(카이사르 공화국의 탄생과 멸망)에서 와츠는
공화국 후기의 주요 전환점으로 간주되는 카이사르와 폼페이우스
의 내전 및 전자의 승리와 암살 등을 간결하게 기술한다. 그는 카
이사르를 "개인이 돈과 카리스마를 이용해 군대의 충성심을 관리
하는 방법의 본보기"(276쪽)로 규정하고, 기원전 44년경에는 "공화
정이 공로를 인정하고 명예를 높여주는 매개체였던 공직에 대한
카이사르의 통제가 거의 완성됐다"(278쪽)고 설명한다. 11장(옥타비
아누스의 공화국)은 카이사르의 암살로 다시 나타난 제2차 삼두정치

체제와 필리피 전투(기원전 42년) 이후 안토니우스와 옥타비아누스 간의 제로섬 게임과 후자의 승리에 관한 이야기들을 잘 보여 준다. 주로 자신의 소회를 보여 주는 12장(아우구스투스의 자유를 선택함)에서 와츠는 최종적인 승리를 거둔 옥타비아누스가 공화정이 종말을 고했음을 분명히 이해하고, "공화정을 대체할 제국 체제를 신중히 설계했다"(326쪽)고 평가했다. 만약 "그[아우구스투스]가 나타나지 않았다면 로마 제국은 아마도 무너져 내렸을 것"(335쪽)임을 인정하면서도, 소수의 정치적 인물들이 정치적인 제로섬 게임을 하지 않았다면 로마 공화국은 계속 살아남았을 것이라는 아쉬움을 토로한다. 그리고 "고대 로마에서나 현대 세계에서나, 공화정은 아끼고 보호하고 존중할 대상이다. 공화정이 무너지면 그 반대편에는 불확실하고 위험하며 파괴적인 미래가 도사리고 있다"(337쪽)고 경고하면서 자신의 긴 책을 마무리한다.

평자의 제언

에드워드 와츠의 책은 로마사를 전공하는 연구자보다는 일반 독자를, 특히 미국의 미래에 대해 걱정하는 대중을 겨냥한다. 그의 분명하고도 힘 있는 문체와 책을 구성하고 있는 12개 장의 유기적 관계는 고대 로마의 역사에 친숙하지 않은 일반 독자들도 거의 300년 동안의 복잡하고 다양한 이야기들을 쉽게 이해하게 해준다. 또 그는 일반 대중 도서들이 공통으로 보여 주는 결점을 보완하는 세심함을 보여 준다. 즉 그는 고대 학자들과 현대 역사가들에 관한 정보를 미주를 통해 제시했을 뿐만 아니라, 거의 300년 동안에 발생했던 중요한 사건들을 자의적으로 생략하지 않고 다룸으로써, 책의 학문적 가치를 제고했다.

　　로마 공화국의 발전과 몰락을 도덕적인 관점에서 분명하게 잘 설명하고 있는 그의 책이 가진 학문적 가치를 부인할 수 없겠지만, 평자의 의무를 이행하기 위해 몇 가지 문제를 제기한다. 첫째, 와츠는 "현대 독자들이 공화국의 본질과 공화국의 실패가 초래하는 결과에 대해 특히 유의해야 하는 순간"(27쪽)에 자신의 책이 서술되었음을 강조하면서 공화국의 역사에서 교훈을 찾아야 한다고 경고한다. 하지만 로마와 미국의 공화정에 대한 체계적인 비교와 분석 없이, 그 둘의 역사를 동일시하는 것은 논리적 설득력이 약하다. 미국과 로마 정부 모두 삼권분립의 원칙에 기반하지만, 그 운용은 다르다. 예를 들어, 미국에서는 국민이 선출한 대표들이 국회(하원과 상원)에서 법률을 제정한 반면, 로마에서는 재산과 거주지에 따라 구성된 민회(켄투리아회와 평민회)에 시민이 직접 참여하여 투표함으로써 입법에 관여한다. "역사로부터 교훈을 얻지 못하는 자는 같은 역사를 되풀이할 수 있다"라는 윈스턴 처칠의 유명한 발언을 되새길 이유가 충분하다 하더라도, 그것이 '역사는 반복된다'는 믿음이 옳다는 것을 의미하지는 않는다. 미국은 결코 로마일 수 없다.

둘째, 공화국의 발전과 몰락에 관한 그의 설명은 과거 고대 학자들의 그것과 크게 다르지 않다. 따라서 그는 역사학의 가장 중요한 요소인 고대 사료에 대한 비판을 전혀 하고 있지 않으며, 고대 학자들의 도덕적인 관점을 반복할 뿐이다. 과거도 현재와 마찬가지로 다양한 원인이 복잡하게 작동하여 나타난 역사적 결과물이기 때문에, 과거에 대한 설명은 단일할 수 없다. 물론 와츠는 현대 역사학자들을 소개하고 있지만, 그들의 새로운 주장들에 관해 심도 있게 분석하고 있지 않다. 그라쿠스 형제에 대한 긍정적 평가, 마리우스의 종교적 위상, 술라 및 아우구스투스 체제에 대한 새로운 해석 등 현대 학자들의 결과물들을 대부분 간과하고 있다. 역사는 다양성을 공부하는 학문이다. 로마 공화정의 몰락을 한 가지 관점으로 설명하는 것은 일관성을 담보할 수는 있겠으나, 그런 단선적인 설명은 건물의 철골 구조물을 완공된 건물과 같음하는 것과 같을 수 있다.

셋째, 그의 보수적이고 전통적인 관점은 책에서 주로 언급되는 대상에서도 그대로 투영된다. 다시 말해서 그의 책은 다분히 로마 중심적이고 지배자 중심적이다. 로마와 전쟁하고 지배를 받던 국가들의 입장이나 지배자들의 부패와 타락과 같은 범죄들에 대해 숙고하지 않았으며, 최근 로마 중심적인 경향을 보여 주는 용어 사용의 자제(예를 들면, 최근에는 포에니 전쟁과 같은 용어는 전쟁의 책임이 카르타고에 있음을 암시한다는 이유에서 사용하지 않고 대신 로마-카르타고 전쟁이라는 용어를 많이 사용한다)와 같은 배려가 부족한 것 같다. 아울러 지배층을 제외한 다양한 공동체들──기사 계층, 군대, 동맹, 도시 빈민 등──에 관한 이야기도 부족하다. 그런 이야기는 "왜 로마 시민들이 등을 돌리고 아우구스투스의 독재를 향해 갔는지 정확히"(27쪽) 이해하기 위해 더욱 필요하다.

마지막으로 서평이 원서가 아닌 에드워드 와츠의 번역서에 기반하기 때문에, 번역에 관해서도 이야기를 하지 않을 수 없다. 역자는 와츠의 의도와 세련된 필력을 훼손하지 않으면서 책을 잘 번역하여, 지루하고 딱딱한 역사서의 이미지를 지우는 데 기여했다. 그렇지만 역자가 로마사 전공자가 아니라는 사실이 많은 곳에서 발견된다. 예를 들어, '지방 총독', '직무상 금품 갈취 사건'은 오해를 초래할 수 있다. '속주 총독', '속주민 착취 사건'으로 수정되어야 한다. 현재에도 활자의 힘은 막강하다. 역자가 번역 시 전공자와 협업했더라면 하는 아쉬움이 남는 이유다.

공화국(공화정)의 의미

대한민국은 민주공화국이다. 하지만 민주공화국, 특히 공화국의 의미는 모호하다. 공화국이라는 용어를 만들어 내는 데 중요한 역할을 했던 고대 그리스·로마 정치철학자들의 주장을 요약하면, 공화국은 왕정·귀족정·민주정이 혼합된 정체를 가진 국가를 의미한다. 하지만 고대 정치철학자들이 혼합정만이 이상적인 정체라고 주장한 것은 아니다. 중요한 것은 정체가 아니라 정체를 만들어 가는 인간이기 때문이다.

주지하듯이, 12·3 비상사태가 촉발한 정치적 혼란과 경제적 불확실성 등으로, 현재 대한민국은 매우 어두운 터널을 힘들게 지나가고 있다. 대한민국은 우리도 미처 인지하지 못하는 수많은 장점과 잠재력을 가지고 있는 국가다. 저자가 한국어판 서문에서도 밝혔듯이, "한국 사람들은 민주적 제도를 구축하기 위해 열심히 싸워 왔고, 그 제도를 유지하는 일도 감탄스러울 만큼 잘했다."(17쪽) 소통과 협조에 의한 통합의 필요성을 인식하고, 자신과 자신이 속한 집단의 이익보다 국가의 이익을 더 우선시하는 책임감 있는 정치가가 절실하게 필요한 이유다. 하지만 정치가에만 책임이 있는 것은 아니다. 공화정을 의미하는 그리스어 '폴리테이아(politeia)'가 도시국가를 의미하는 '폴리스(polis)'와 시민으로 행동한다는 의미를 지닌 '폴리테우오(politeuo)'에서 비롯되었다는 사실은, 현재 민주공화국에 사는 우리에게 시사하는 바가 크다. 역사는 반복되지 않지만, 잘못은 반복될 수 있다. 서리북

김경현

영국 런던대학교에서 박사학위를 취득했으며, 현재 홍익대학교 사범대학 역사교육과에서 학생들을 가르치고 있다. 주요 저서는 『로마 공화정 중기의 호민관: 공화 정치의 조정자』, 『아우구스투스 연구』(공저) 등이 있으며, 주요 논문으로는 「클레오파트라의 '로마 방문'에 관한 역사적 고찰」, 「옥타비아누스의 리더십에 관한 연구: '거래적 리더십'과 '카리스마 리더십'」, 「안토니누스 역병의 역사적 배경과 영향」 등이 있다.

📖 키케로는 아리스토텔레스와 그의 제자들 그리고 폴리비오스의 정치철학을 이용하여 공화국의 정치 형태를 정교하게 주장한 정치철학자다. 또 그는 그리스어인 '폴리테이아'를 라틴어 '레스 푸블리카(res publica)'로 번역한 로마인이기도 하다. 에드워드 와츠의 책이 공화국의 체제에 관한 논의를 생략하고 있다는 점에서, 『국가론』을 더욱 읽을 필요가 있다.

"키케로는 모든 시민에게 동일한 조건으로 공유되는 것이 오로지 법이라고 파악했던 것이다. 사실상 법의 본질적인 특징의 하나가 특별한 예외를 용납하지 않고 모두에게 공평하게 적용되어야 한다는 것이다."
— 책 속에서

『국가론』
마르쿠스 툴리우스 키케로
지음
김창성 옮김
한길사, 2021, 개정판

📖 해리엇 플라워는 공화국의 몰락이란 기존의 관점에 의문을 제기하고 정치 제도의 변화라는 관점에서 로마 공화국의 새로운 연대기를 제안하고 있다. 다시 말해서 그녀는 로마 공화국이 언제 몰락했는지에 대한 논의에서 벗어나, 각 시기마다 다른 강점과 약점을 보이는 다양한 모습의 공화국의 모습을 고찰해야 한다는 파격적인 주장을 한다.

"필자의 목적은 로마 공화국의 정치 문화, 공화국의 진화하는 성격, 시간이 흐르면서 공화국이 직면하고 극복했던 다양한 도전들, 그리고 외부 압력과 내부 폭력에 굴복하게 된 정확한 역사적 상황에 관한 새로운 논의를 시작하는 데 있다."
— 책 속에서

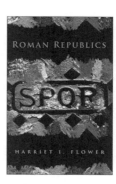

『로마의 공화국들
(Roman Republics)』
해리엇 플라워
프린스턴대학교 출판부,
2009, 국내 미출간

이마고 문디

디자인 리뷰

북 & 메이커

서울
리뷰 오브
북스

페미니즘 미술 읽기

한국 여성 미술가들의 저항과 탈주

김홍희

열화당

『페미니즘 미술 읽기』
김홍희 지음
열화당, 2024

모든 여자들은 쓰고 있다

현시원

쓰기

여기 있는 모든 여자들은 쓰고 있다. 손과 몸과 눈을 이용하여 몸 전체를 움직이면서 눈앞의 백지와 싸우며 쓴다. 백지는 작가의 등을 뒤로한 사각 프레임의 캔버스다. 그리고 창문 밖의 현실도 백지가 된다. 작가 이불이 붉은빛의 괴기한 옷을 걸쳐 입고 '내가 이 세상에 소풍 나온 강아지 새끼인 줄 아느냐'(작품 〈수난유감〉)고 외쳤던 1990년의 거리는 네온사인의 색채로 빼곡했으나 '공백'의 거리였다. 차학경이 1975년 미국 샌프란시스코에서 하얀 눈과 몽고인의 이야기를 낯설게 내뱉을 때에도(〈눈 먼 목소리〉), 윤석남이 천 마리가 넘는 유기견을 돌보는 할머니에 감명받아 나무로 된 1,025개의 개 형상(〈1,025: 사람과 사람없이〉(2008))을 만들 때에도 모든 것은 백지 위였다. 거기서 출발했다. 음소-음절-단어-문장의 순서대로 나아간 것이 아니라 한국의 여성 미술은 이 공백 위에서 병렬 전구가 터져

* 『페미니즘 미술 읽기』는 한국과 영국에서 동시 출간되었다. Kim Hong-hee, *Korean Feminist Artists: Confront and Deconstruct*(Phaidon Press, 2024).

나오듯 번져 나왔다.

　한국 동시대 미술가들을 다룬 글인데도 나는 왜 이들이 그리거나 만드는 게 아니라 쓰고 있다고 느끼는 것일까. 쓴다는 것은 무엇이기에 계속해서 미술가들의 작업이 쓰기로 보이는 걸까. 이들의 '쓰기'는 그리는 것과 만드는 것, 움직이는 것과 가만히 있는 것을 모두 포함하는 광활한 바다와 같은 포용적인 동사다. 회화와 조각, 설치와 미디어, 퍼포먼스, 서예와 자수 등등의 실험적이고 또 전통적인 미술 장르와 달리 '쓰는' 것은 좀 더 보편적이다.

　여성(미술가)에게 '쓴다'는 것은 일종의 반복성을 갖는다. 쓰기는 말을 대신하여 외부에 자신의 존재와 사고를 각인시키는 행동이다. 만들고 그리는 것 또한 알타미라 동굴 벽화에서부터 시작된 오래된 일이다. 쓰는 것은 양피지처럼 겹쳐 쓰기, 두루마리 그림처럼 끝도 없이 지속하여 쓰기가 가능하다. 무게를 가진 미술 재료와 다르게 백지만 있으면 쓸 수 있다. 그래서 손에 아무것도 들지 않은 절실한 사람에게도 허락되는 일이다. 쓰는 일은 말하는 것과 대비될 뿐 아니라 지우는 일과도 항을 이룬다. 썼다가 지우거나 다시 쓸 수도 있다. 여성 미술가들의 작업(하기)은 '거행'되지 않는다. 모처럼 자행되는 특별한 일이 아니라 계속되는 쓰기다.

　쓰기는 작가의 작업 형식 안팎에서, 또 이 책의 저자인 김홍희의 직접적인 언급으로 나타난다. 책에서 '에코페미니즘' 챕터 안에 등장하는 홍영인은 설치, 자수, 조각, 퍼포먼스를 다방면으로 실행한다. 그에게 기억과 동등성(equality) 개념은 작업의 주요한 축이다. 홍영인은 자신의 방법론인 '사진악보(photo-score)' 연작(2017)을 개념화하며 한국의 근현대 시기를 기록한 사진 아카이브의 장면을 발췌해 자수로 드로잉했다. 그리고 이 드로잉을 음악가들에게 건네 악보 삼아 연주하게끔 했다. 매번 다른 연주와 화음이 나왔으니 작

홍영인, 〈새의 초상을 그리려면〉, 2019. 국립현대미술관 서울관 전시 전경. 사진 제공 국립현대미술관.

가의 쓰기는 다른 이들을 움직이게 하는 구체적인 악보가 된 셈이다. 〈새의 초상을 그리려면〉(2019)에서 작가는 관객이 새장 안으로 들어오게끔 제안하고 자수로 그려진 새와 거대하게 사물화된 새의 모습을 신전이나 종교적 공간처럼 정면에 걸어 두었다. 김홍희는 그의 작업을 이렇게 본다. "직관적이고 비언어적인 그 사진악보는 작가 홍영인의 창안품이자 남성중심적 역사에 개입하는 페미니스트 홍영인의 여성적 글쓰기 작업이다."(174쪽) 여성적 미술 작업이 아닌 '여성적 글쓰기 작업'으로서 미술은 김홍희의 관찰을 통해 글쓰기가 된다. 탈주할 수 있는 백지와 그에 대응하는 힘을 획득한다. 글쓰기는 이전과 이후를 잇는 시간적 작업이다.

    오드리 로드(Audre Lorde)는 「시는 사치가 아니다」라는 글에서 "시는 단순히 꿈이나 환영이 아니라, 우리 삶을 뼈대로 해서 만들어진 구조물이다"*라고 쓴다. 'skeleton', 'architecture'라는 오드리 로드의 단어는 해골로 만들어진 집을 짓는 상상을 부추긴다. 김홍희의 책 안에 있는 여성 작가들의 모든 작업이 살기-하기-움직이기-변화하기와 연동된다는 사실을 깨닫는다. 작가들은 모두 직접적으로 몸을 쓰고 있다. 자기 작업의 괴물적 양상은 "범주가 불가능하고 언캐니한 것에 대한 매혹과 공포"에 관한 것이라는 작가 이불의 말이나 "나의 작업은 경계, 가장자리, 차이, 이동, 변화, 변형, 혼합 따위의 낱말 사이에서 순회한다"라는 박미나의 목소리에서도 들리듯 이들은 순회한다.** 오늘날 인공지능이 간소화하고 간편화하는 모든 삶의 방식과는 정반대에서, 몸을 사용하여 '사서 고생하기'라는 걸 암시한다.

　조은지의 〈탈출_진흙시(2008년 버전)〉는 던지면서 쓴다. 그는 흰 벽 위에 엉망진창인 흙덩어리를 과녁도 없이 명중시키며 파괴의 순간을 분출해 낸다. 작업을 하면서 바닥을 우유를 흘린 망가진 장난감 공장 같은 공간으로 만든다. 조은지는 직접 찰흙을 흰 벽에 던지며 흙덩어리를 악보 위의 음표처럼 알갱이화한다. 작가의 〈탈출_진흙시(2008년 버전)〉는 흰 벽을 망치면서 벽을 의미 있게 하는 순간을 만든다. 벽은 망가지고서야 작업이 올라간 물질로서 의미를 지닌 이중적 사물이 된다. 벌써 꽤 오래전인데도 관객으로서 본 조은지의 작업은 광화문의 수백 대 확성기보다 강력한 청각적 경험이었다. 흙덩어리가 벽에 마찰하는 탁, 탕, 퍽 소리가 전체를 압도

---

* 오드리 로드, 주해연·박미선 옮김, 『시스터 아웃사이더』(후마니타스, 2018), 42쪽. 원문은 다음과 같다. "Poetry is not only dream or vision, it is the skeleton architecture of our lives."
** 이 책 앞에는 뒤가 비치는 얇은 백색 모조지로 된 지면에 작가들이 직접 말하거나 쓴 문장들이 인용되어 있다. 이 글에서 언급한 박미나, 이불, 정서영의 문장은 모두 여기서 가져온 것이다.

홍이현숙, 〈지금 당신이 만지는 것〉, 2020. 싱글 채널 비디오. 작가 제공.

했다. 흙덩어리가 조각나 던지는 순간의 속도감, 피동성과 능동성을 오가는 흙이 사람보다도 크게 느껴지는 착각. 조은지는 2000년대 중후반 신도시가 들어설 파주의 진흙을 담아 와 흰 벽에 던지는 행위로써 사회적 쓰기와 몸의 퍼포먼스를 연결하기 시작했다. 이어 〈떨어지는 계란〉(2016)에서는 바닥에 떨어진 낙하하는 쓰기와 습기가 되어 가는 반죽을 통해 죽음을 이야기했다.

　　김홍희는 홍이현숙의 작업에서도 글쓰기를 찾아낸다. "마애불 더듬기와 만지기는 결국 이성적 문자언어보다 직관적이고 원초적인 음성언어의 글쓰기, 고대 동굴벽화처럼 그리기보다는 흔적 남기기, 시각중심주의 인식 체계 이전에 발화되는 촉각적 글쓰기의 탐구라는 점에서 고래 언어 받아쓰기에 비견된다."(161쪽) 홍이현숙은 코로나가 기승을 부리던 2021년 아르코미술관에서 개인전《횡, 추-푸》를 가졌다. '횡, 추-푸'라는 전시 제목. 작가에 따르면 '횡'은 남아메리카 토착민 언어로 바람에 날리는 소리, '추푸'는 어딘가 부딪히는 소리를 뜻한다. 홍이현숙의 쓰기에는 가파른 언덕을 오르는 숨찬 기색과 자포자기의 심정일 때 찾아오는 통쾌한 가벼움이 교차한다. 매일을 사는 반복-자세 속에서 이러한 순간들이 일상과 단절되는 발견으로 나타났기 때문일 것이다.

승가사(작업 〈한낮의 승가사〉(2019)가 있다)와 사자 자세 등 요가를 할 때 입은 시장에서 파는 옷, 동네 길고양이 등등은 작가가 더듬고 바라보는 그 무엇들이(었)다. 홍이현숙의 개인전이 열리던 이 전시장에서도 나는 검은 어둠 속의 휘파람 소리 비슷한 것들을 여럿 들었다. 전시를 한 번 보았지만 여러 번 본 것 같은 착각이 들었다. 홍이현숙이 데리고 온 비인간들, 사물들, 서울 강북의 풍경들이 현실 그 자체를 실감하게 했기 때문이었을까. 전시가 열렸던 2021년 현실은 코로나19로 갇혀 있었는데 작업 안의 홍이현숙은 계속 탐문, 추적하고 있었다.

'전시 만들기'로서의 글

김홍희는 쓴다. 그는 전시장의 도면을 그려 가벽을 구성하고 벽에 도색을 하듯이 여성 작가의 공간을 설계한다. 이것은 전시가 아니라 책이다. 그러므로 지금 적은 문장은 은유다. 게다가 책의 제목은 '페미니즘 미술 읽기'다. 부제에 '한국 여성 미술가들'이 나온다. 쓴다는 사실만큼이나 중요한 것은 어디에 쓰는가의 문제다. 지면 위에 쓴다. 그리고 없는 지면을 만들어서 쓴다. 이 글들은 그가 2021년 1월부터 이듬해 4월까지 《경향신문》에 연재했던 칼럼을 새로 쓴 것이다.

그는 두 명 이상의 작가들을 소주제로 묶어 열다섯 개의 한국 페미니즘 미술을 종이 공간 안에 배치한다. 페미니즘 미술이 갖는 당위성과 갈급함에 비교하여 그가 묶어 내는 주제와 이론은 때로 자의적이다. 이유를 알 수 없어서 자의적이라는 것이 아니다. 한 예로 '저항적 여성서사'로 묶인 개별 작가들(임민욱, 송상희, 함양아, 김아영)의 세계의 넓이와 깊이가 모래알의 물성처럼 빼곡하게 '다르다'는 점을 말하려는 것이다. 사실상 두세 작가의 개인전에 가까운 기획전을 보고 있는 것이다.

　　김홍희는 설명하지 않고 작업을 보게 만든다. 철저하게 작품 중심의 서술이다. 그러나 왜 이불, 이피, 이미래가 '몸의 미술'이라는 주제 아래 있어야 하는지, 양주혜, 홍승혜, 박미나가 '추상미술에서의 여성성'이라는 주제 안에 서술되어야 하는지 상세하게 논증하거나 부연하지 않는다. 정은영, 흑표범, 김나희는 왜 '퀴어 정치학'이라는 명제 안에 있는지 그는 두 명 또는 세 명의 작가를 같은 백지 위에 함께 서술하는 이유에 동의를 구하지 않는다. 다만 도무지 같은 그림체로 그려질 수 없으며 같은 공간에 서 있기 어려울 것 같은 정은영, 흑표범, 김나희의 작업이 한국이라는 사회의 범위와 문제의식을 배경으로 한 채 한자리에 있다. 김홍희는 삶을 건 것처럼 고강도의 에너지를 투과하는 이들의 예술이 동시대에 개별적으로서 공존한다는 사실을 빼곡하게 쓴다.

　　반복해서 쓰지만 그는 그가 묶어 둔 주제를 논증하고 설득하려고 하지 않는다. 그에게는 서론 따위에 공을 들일 시간이 없어 보인다. 김홍희가 주목하는 것은 여성 작가들이 지닌 작업과 지면에서 소개하고 있는 이미지의 '개별성'이다. 마치 미술 전시 만들기가 그러하듯이 '동시에 한 공간에 존재하는' 다성적 또는 타자적 존재를 당연하게 다룬다. 구체적으로 이 쓰기의 방식은 김홍희가 홍대 앞 쌈지스페이스* 관장이던 시절 기획했던 '타이틀 매치',

---

* 1998년 서울시 강동구 암사동에 개관한 쌈지스페이스는 2000년 6월 서울시 마포구 홍익대학교 부근으로 이전, 복합문화공간으로 확장했으며 2008년 9월 폐관했다. 쌈지스페이스 레지던시로 국내에 실험적인 프로그램을 제시했으며 다양한 전시, 퍼포

그리고 서울시립미술관 관장으로서 서울시립북서울미술관에 연
례화했던 '타이틀 매치' 프로그램을 직접적으로 전유한다. 서문에
그가 적었듯 교차와 병치, 사랑의 행위인 것이다.*

관객이자 독자는 전시장 입구와 방(gallery)을 빠져나오듯이 직
접 걸어 들어가야 한다. 공통성을 전제하는 시각이 각 주제에 흐르
는데 '불편함의 미학'이라는 카테고리가 가장 정체 불명, 설명 불
가, 미스테리하게 다가온다. 독자로서 가장 흥미롭게 읽은 부분이
기도 하거니와 저자 김홍희 역시 출간 후 인터뷰에서 이 챕터가 가
장 기억에 남는다고 했다.**

두 개의 방향

나는 이 글 서두에서 한국 여성 미술 작가들의 존재, 그들의 작품
이 병렬 전구가 터져 나오듯 번져 나왔다고 썼다. 김홍희가 글쓰기
로 만드는 불빛은 두 개의 방향으로 흐른다. 하나는 '한국 여성 미
술가들의 저항과 탈주'라는 부제에 담긴 의지를 구현한다. 즉, 시
인 김혜순이 발문에 쓴 표현처럼 한국 여성 미술가들에게 "다양

먼스, 공연 등을 지속했다. 쌈지스페이스의 '타이틀 매치'전은 다른 세대를 동시에 보인
다는 게 핵심적이었다. 《타이틀 매치: 이승택 vs. 이융》(2002), 《타이틀 매치: 이건용 vs.
고승욱》(2005) 등이 열렸는데, 신세대로 호명된 작가들은 더 이상 활동을 안 하고 있
는 반면 원로 세대 작가로 호명된 이승택, 이강소(2회), 이건용 등이 소위 세계적인 반
열의 거장으로 호명되며 활동하고 있다는 점이 새롭다.

* 서울시립북서울미술관이 2014년부터 열어 온 '타이틀 매치'는 다른 두 작가의 작
업을 선보이는 2인전으로 최근에는 '2024 타이틀 매치: 홍이현숙 vs. 염지혜 《돌과
밤》'(2024.12.5.-2025.3.30.)이 열렸다.

** 심지언, 「김홍희 & 윤난지의 허스토리(Herstory)」, 《월간미술》 479, 2024, 48쪽. 그
는 이렇게 말한다. "15개 챕터 중 '불편함의 미학—정서영, 김소라, 양혜규' 챕터가 참
많은 생각을 하게 했어요. 세 작가의 작품이 난해하고 페미니즘으로만 독해할 수 없는
어떤 소통 불가능성을 가진 작품이라서 거기서 무엇을 더 끌어낼지 고심을 많이 했기
때문에 특별히 기억에 남아요."

정정엽, 〈최초의 만찬 2〉, 2019. 작가 제공.

민영순, 〈결정적 순간들〉, 1992. 작가 제공.

한, 안전한 착지점"(438쪽)을 제공하려는 목소리다. 저자는 1980년
대 민중 미술 운동과 함께 싹튼 여성 미술 운동의 움직임과 2010년
대 '넷페미(Net-Femi, 온라인 페미니스트)' 움직임에 이르는 연대기를 제
1, 제2, 제3, 제4의 이름을 붙여 정리한다. 페미니스트 컬렉티브(예,
여성미술연구회, 입김 등) 여성 운동가로서 활동한 미술가 정정엽의 〈최
초의 만찬 2〉(2019), 재미 미술가 민영순의 〈결정적 순간들〉(1992) 등
은 도판 하나만으로도 현실과 미술의 관계, 여성의 정체성과 발언
의 필요성을 보여 준다.

　　젊은 여성 조각가 신민의 〈우리의 기도―나는 동료들을 미워
하지 않는다 나는 사랑한다 나는 껴안는다 나는 연대한다〉(2022)를
보자. 머리카락이 떨어질까 봐 그물 머리망을 하고 있는 이 여성들

신민, ⟨우리의 기도——나는 동료들을 미워하지 않는다 나는 사랑한다 나는 껴안는다 나는 연대한다⟩,
2022. 서울시립북서울미술관 전시 전경. 작가 제공.

의 뒷모습은 직접 맥도날드에서 아르바이트를 했던 작가의 경험
에서 나온 것이다. 작가가 맥도날드에서 근무하던 시기에 버려
지는 냉동 감자 포대를 사용해 겹겹이 붙인 것이 이러한 종이 조
각 연작의 시작이었다. 신민은 2024년 창원조각비엔날레에서도
⟨대천사들⟩(2023)이라는 작업을 선보였는데 노동자, 아이, 여성의
모습을 한 이 세 명의 천사는 아름다운 형태로 사람들을 내려다보
았다.

　　한편 책 안에서 흘러나오는 또 다른 빛은 보다 개별적이다. 울
음과 웃음이 섞인, 언어도 비언어도 아닌 특정한 몸짓으로 쓰는 개
별 미술 작업들을 내버려두는 방향이다. 페미니즘 여성 미술이라
는 일종의 카테고리, 나아가 세계를 보는 방법론에 포획되지 않는
작업들이 지면 곳곳에 위치해 있다. 마치 작가 이수경이 양손으로
그려 낸 작품 ⟨불꽃 변주 1-1⟩(2012)과 같이, 작가가 매일 명상과 꿈

을 동반시켜 수양하듯 그려 낸 '매일 드로잉'(2004년 이후)에 등장하
는 눈물을 흘리고 고통받는 여인들의 모습처럼 이 작업들은 되받
아 쓰기가 불가능하다. 불화와 부적을 그릴 때 사용하는 붉은색 광
물인 경면주사(cinnabar)를 자기 내면의 분노와 그리기의 기쁨으로
연결시킨 이수경의 작업을 보며 김홍희 또한 "화염이 온 화면으로
울려 퍼지며 자기반복적이고 스스로 번식하는 회화적 카오스를
창출한다"(295쪽)고 썼다. 이렇게 한국의 동시대 여성 미술은 정리,
설명, 분류 불가능한 카오스의 세계다.

　　그 누구도 납득시킬 이유가 없다는 듯이 존재를 밝히는 정
서영의 작업. 한 예로 〈피, 살, 뼈〉(2019)는 여성 미술 쓰기의 조명
으로 포획 불가능한 작업이다. 고요해 보이지만 그물로 잡히
지 않는 이 작업 도판에는 흥미롭게도 "바라캇컨템포러리 설치
모습"(322쪽)이라는 상황 특정성이 부여되어 있다. 피(BLOOD), 살
(FLESH), 뼈(BONE)라고 쓰여 있는 저 글자들. 그리고 기대어 있거
나 머물러 있거나 서로 결부되어 있다. 정서영의 사물은 단수이면
서 복수다. 지속되지만 서로 외면하며 독립적이다. 한국, 여성, 미
술이라는 광범위한 편견의 역사를 끊어 내고 싶어 하며 그 자체로
〈괴물의 지도, 15분〉(2008, 2009), 〈유령은 좋아질 거야〉(1998, 2005, 2016,
2022)라는 시간을 만들어 낸다. 정서영은 김홍희가 언급하듯 "먹지
로 복사한 일부의 문장들을 벽화 형태로 제작"하거나 "문장들을
얇은 백자판에 유약으로 옮겨 쓴 도자 버전의 텍스트"(323쪽)를 세
상에 내놓았다.* 보이지 않는 먹지, 깨지지 않고 얇게 배치된 도자,
삐뚤어진 사각형의 공간에 이르기까지 정서영은 창밖으로 반사되

---

* 정서영은 "여전히 육체적으로 남아 있는 알 수 없는 느낌의 구체성과 '그것은 없는
것'이라는 명확한 현실적 판단 사이에서 황망했다"라고 썼다.

정서영, 〈피, 살, 뼈〉, 2019. 바라캇컨템포러리 설치 모습, 2020. 작가 제공.

는 빛의 상태를 숨 막히게 고려하여 눈앞의 사물들을 그의 사물 언어로 쓴다.

한국 페미니즘 미술사와 현장

다른 방향으로 흐르는 이 불빛들은 어디로 갈까. 한 사람은 때로 사물이 된다. 스스로 붓이 되거나 도화지가 되면서 없었던 것들을 작동하게 하는 시스템이 된다. 1948년생 큐레이터 김홍희는 1990년대 초 백남준의 제안으로 큐레이터 일을 시작했다. 그는 이 책 『페미니즘 미술 읽기』에서 자신에 관해 아무 말도 하지 않는다. 2003년 제50회 베네치아비엔날레 한국관에 작가 정서영이 참여했고, 양혜규가 보낸 손편지(쌈지스페이스 소장)를 여러 장 보관하고 있지만 그가 큐레이터로서 활동하며 작가나 작품과 맺었던 관계나 문맥에 대해 부연하지 않는다. '한국 여성 미술가들의 저항과 탈주'라는 부제는 김홍희의 목소리와 눈빛에 새겨진 한국 미술 큐레이터의 문양이자 미시사이기도 한 자신의 많은 경험담들을 뒤로 숨긴다.

　　현재의 미술사는 어떻게 쓰여지는가? 현장에서 일하면서 어떻게 동시에 쓸 수 있을까. 백지의 지면과 쓰는 몸 사이의 거리감은 어떻게 확보되는가. 1980년대 《우리 봇물을 트자: 여성 해방시와 그림의 만남》(1988) 등의 전시에도 참여했던 김혜순은 발문에서 "나는 지금 여성 미술계가 부럽다. 우리나라 여성 시인들도 이렇게 매핑하고, 큐레이팅해 주는 분을 만났으면 좋겠다"라고 썼다.(433쪽) 김혜순이 힘주어 말하고 있는 것은 '미술하기'와 '글쓰기'의 관계이다. 그는 "시도 '이미지로 사유하는' 예술 형태다"(434쪽)라고 쓰며 '시하다(I do poetry)'라는 용어를 만들어 내며 스스로 만들어 낸 '여성 시학'에 대해 적는다.

글쓰기의 장르에 한정해서 보자면 이 책은 큐레이터가 쓴 '작가론'의 묶음이다.* 작가를 이야기의 중심으로 삼는 것은 최초의 미술사가로 불리는 조르조 바사리(Giorgio Vasari)**부터다. 그는 3세기에 걸친 200여 명의 이탈리아 미술가들의 삶과 작품을 기술했다. 이 책은 한국 동시대 여성 작가에 한정해 큐레이터이자 미술사를 전공한 김홍희가 썼다. 한국, 동시대, 여성 작가라는 세 가지 단서는 결코 간단하지 않다. 동시대 한국 미술을 서술하는 한 방법론으로서 김홍희는 '여성 작가'와 '동시대 한국'을 서술 대상이자 배경으로 택했다. 그가 글을 쓰고 책이 나오는 사이에 작고한 민영순과 젊은 나이에 타국에서 요절한 차학경을 제외하고는 모두 살아 있는 여성 작가들이다.

한발 물러서서 보면 이 책은 큐레이터 김홍희가 작품을 통과하며 빌려 쓴 자기 기술지이자, 누군가 이어 써야 할 한국 동시대 미술 큐레이터의 자서전이다. 그가 여성 작가들의 작품에 관해 쓴 것은 적극적인 관찰과 비평의 대상으로서 여전히 미술 작품을 가까이에서 사랑하기 때문일 것이다. 작품에 관해 쓰는 김홍희의 방식은 수동적인 빌려 오기가 아니라 적극적인 조망의 행위다. 랜턴을 켜고 어두운 밤길을 걷는 순간을 떠올려 보자면, 우리는 로드킬을 무사히 피하는 사슴을 볼 수도 있고 저 멀리 야생지로 뛰어가는 이름 모를 동물을 볼 수도 있다.

미술을 하면서 깨닫는 감각에 대해 이미래의 〈캐리어즈〉(2020)

---

* 국내 큐레이터가 쓴 또 다른 책으로는 전 서울시립미술관 관장으로 미술과 학예 연구, 아카이브의 다양한 시스템을 구축한 큐레이터 백지숙의 『본 것을 걸어가듯이』(미디어버스, 2018), 졸고인 『1:1 다이어그램』(워크룸프레스, 2018) 등이 있다. 큐레토리얼에 대한 연구서로는 『큐레토리얼 사이와 변주』(국립현대미술관, 2019) 등이 있다.
** 조르조 바사리, 이근배 옮김, 『르네상스 미술가 평전』 1-6(한길사, 2018-2019).

이미래, 〈캐리어즈〉, 2020. 아트선재센터 설치 모습. 사진 김연제, 사진 제공 아트선재센터.

는 구구절절하면서도 단호하게 말한다. 양립 불가능해 보이는 이중적인 상태, 장식적이면서도 기계적인, 단순한 모터를 돌리면서도 손의 노동을 사용하는 것은 어떻게 가능할까. 이미래는 물질을 다루면서 재료를 가까이서 만지고 작품 위주로 몸을 구부리고 기어다니는 경험을 이야기한다. "큰 설치 작품에서는 내 몸이 작업의 풍경 속으로 빨려 들어가고 먹히는 느낌을 받는다"(68쪽)는 이미래는 〈잠자는 엄마〉(2020)라는 영상을 만든 적이 있다.

　　각자는 정말 다르다. 그러나 공통점이 있다. 모든 여자들이 여자이기 이전에 각자의 이름을 갖고 있는 것처럼, 모든 엄마가 처음인 것처럼 모든 여자들은 언제나 백지 위에 쓴다. 무엇인가를 낯설어한다는 점에서 말이다. 2004년 당시 쌈지스페이스 관장이던 김홍희는 미술사학 대회에 질의자로 참여해 미술사학자 고 정헌이의 논문에 대해 다음과 같이 질문했다.

> 필자[정헌이]의 상상계적 발상은 논문 앞뒤를 장식한 자전적 독백, 일종의 여성적 글쓰기의 시도로도 감지된다. 기존 미술사의 "부분적 해체"를 위해 시도하고 있는 이 여성적 글쓰기가 소박한 경험주의, 자기함몰적 나르시시즘을 탈피하기 위해서는 분석적이고 해체적인 페미니즘 방법론으로 작동되어야 한다고 보는데, 본인의 글쓰기가 그렇다고 생각하는가.*

　　이 책이 다시금 미술 작가, 큐레이터, 미술사학자 등 다른 목소리들이 모여 쓰인 것임을 깨닫게 하는 장면이다. **서리북**

---

* 김홍희, 「「상상계로서의 미술사: 미술사학에 있어서 젠더의 문제」에 대한 질의」, 《미술사학》 18, 2004, 210쪽.

현시원
본지 편집위원. 연세대학교 커뮤니케이션대학원에서 미디어아트와 전시매체를 가르친다. 근래 관심사는 아시아의 미술 공간과 전시 도면이다. 큐레이터로 활동하며 전시공간 시청각을 운영해왔다. 2024 창원조각비엔날레 '큰 사과가 소리없이' 예술감독이었다.

📖 이화여대 미술사학과 교수였던 윤난지를 중심으로
53명의 신진, 중진 여성 미술 연구자들이 쓴 책이다. 나혜석,
박래현, 최욱경, 임송자, 정강자, 김순기 등 105명의 여성
미술가를 다루는 이 책은 미술사라는 학문과 예술가라는
현장의 연결고리를 통해 미술사와 여성사를 쓰고자 한다.

"만약 이 모델이 한국인이라면, 중단발에 C컬로 볼륨을
넣은 헤어스타일과 양장의 복장으로 미루어볼 때 분명
신여성이다."—책 속에서

『그들도 있었다』 1, 2
윤난지 외지음
현대미술포럼 기획
나무연필, 2024

🎞 '트랜지스터를 가진 자매들(Sisters with Transistors)'
이라는 원제를 가진 이 영화는 1시간 25분 동안 잊혀진
전자 음악의 역사를 조명한다. 영화 안에서 양손으로 음향
장비를 다루고 있는 여성 음악가들은 흑백 이미지 안에서도
반짝인다. 테레민(theremin), 신시사이저(synthesizer) 등
전자음악뿐만 아니라 현대 사운드스케이프를 둘러싼 다양한
인물과 사례를 말한다.

"당신은 에너지를 다루고 있다. 20세기 초 이후의 세상은 더
이상 고요하지 않다."—영화 속에서

〈일렉트로니카 퀸즈:
전자음악의 여성 선구자들〉
리사 로브너 감독
다큐멘터리
프랑스, 영국
2020

지면 위의 세계

구정연

《뉴스페이퍼》 5호. (출처: 《뉴스페이퍼》 제공. 디자인: 개미그래픽스, 제호 디자인: 김태룡)

아침 출근길, 집 앞 현관문 옆에 신문이 놓여 있다. 제대로 인사를
나눈 적 없는 이웃이지만, 노부부가 살고 계실 것이라 짐작된다.
한때 광고 전단으로 가득 찼던 모습 대신, 요즘 신문은 단출하고
가볍게 느껴진다. 얼마 전, 1990년대 스마트폰이 없던 시절
사람들이 누군가를 기다리는 모습을 담은 영상을 본 적이 있는데,
그 모습마저도 어색하게 다가온다. 어떤 이는 "스마트폰 없이
연락하며 길을 찾던 그때가 그립다"고 댓글을 달기도 했고,
또 다른 이는 해당 영상을 스마트폰으로 보면서 그 시절을
그리워하는 현 상황의 아이러니를 토로했다.

　　신문은 한때 사람들이 세상과 소통하는 유력한 창구였다.
하루 만에 선별된 정보를 인쇄해 대량 배포할 수 있었던 윤전 인쇄
시스템 덕분에 신문은 신속성과 즉각성을 담보했다.
그 시절 신문은 다른 어떤 매체보다 빠르게 결과물을 내놓으며
군림했으나, 이제 모든 정보는 활자로 인쇄된 신문 대신
스마트폰을 통해 거의 실시간(real time)으로 전달된다.

현재의 시간을 기록하는 신문

2015년 파주 타이포그래피 학교에서 '어제의 신문'이라는 주제로
워크숍을 진행한 적이 있다. 각각의 참여자는 한 개의 사물이나
사건을 선택해 이미지나 글로 풀어내고, 이를 신문이라는 형식에
담아냈다. 신문 첫 페이지에 쓴 소개글 일부를 가져오자면,
이러하다. "인터넷 보급 이후, 신문의 위상은 크게 축소되었다.
신문은 인쇄되는 순간 진부해지며, 실시간이나 최신 뉴스를
전달할 수 없게 된다. 그래서 누군가는 신문을 '어제의 뉴스'를
인쇄하는 매체라고 말한다. 이제 신문은 지난 사건을 정리한
시대착오적 아카이브처럼 보인다." 그 이유는 한때 실시간의

왼쪽부터 《뉴스페이퍼》 1호의 첫 면과 마지막 면.
(출처: 《뉴스페이퍼》 제공, 디자인: 윤현학)

기록자였던 신문이, 실시간성을 잃은 과거의 잔해를 담는 매체로
전락했다고 생각했기 때문이다.

2025년 "휘발되는 지금 현재를 기록하기 위한 장소"로서
신문을 전유하는 이들이 있는데, 바로 《뉴스페이퍼》를
기획·편집한 큐레이터 권혁규, 허호정이다. 2020년 12월 첫 호를
시작으로 《뉴스페이퍼》는 현재 5호까지 발행되었다. 첫 호 신문
1면에는 '언제나 다정한 벗 코로나'라는 헤드라인과 함께 신문을
콜라주한 bbb(임지혜)의 〈현대세계사전 부분〉 이미지가 담겨 있다.
그리고 그 뒤를 이어 헤드라인과 동일한 제목의 글이 실려 있고,
이 제목이 토요타의 소형 모델로 국내에서 조립된 신진 자동차
'코로나'의 광고 문구와 연결되어 있음을 발견할 수 있다. 평론가
이진실의 글은 1970년 공간 9월호에 실린 코로나 자동차 광고와,
2020년 발발한 코로나바이러스 대유행, 그리고 BTS가 등장하는

현대자동차 캠페인이 벌어지는 현재의 시간을 탐색한다.

《뉴스페이퍼》구독은 우편 배송으로 이루어지며, 연중 언제든 신청이 가능하다. 연 1회 발행되는 특성상, 재고가 남아 있는 한 시기에 상관없이 누구든 받아볼 수 있다. "왜 이 신문을 만들었느냐"는 질문에 펴낸이들은 "오늘의 시간을 좀 더 선명하게 기록해 보면 어떨까"라는 질문으로 답한다. 그러나 그들이 선택한 기록 방식은 단순히 오늘의 사실과 진실을 정확히 증언하는 것이 아니라, 오히려 시간의 경계를 확장하여 새로운 관점을 제시하는 데 그 목적이 있다. 오늘날 신문이 진실을 보도하고 진리를 추구하는 매체라는 믿음은 유사 신문과 가짜 신문의 범람 속에서 거의 무너지고 말았다. 이들에게 신문은 견고하고 완벽한 진실성의 상징이라기보다는, 매체로서의 허술함과 어긋난 정보를 드러내는 지면이다.

최근에 있었던, 한 윤전 인쇄 기사와의 일화가 기억난다. 인쇄 전에 반드시 인쇄비 지급을 요청했는데, 이는 인쇄된 광고나 이미지 품질에 대한 항의가 제기되어 대금 결제가 이루어지지 않는 경우가 있었기 때문이었다. 광고주가 원하는 선명도는 윤전 인쇄기를 거치는 순간 사라진다. 신문의 태생적 조건이자 한계는 원본 이미지를 온전히 반영하기보다는, 어긋남을 전제로 하고 있다. 원색과는 다른 색감, 빛바래거나 흐릿한 경계선, 낮은 투명도(opacity)의 이미지들이 확실한 정보와 대조를 이루며 불투명한 모습을 드러내, 그 나름의 진실을 호소한다.

《뉴스페이퍼》1호는 이러한 신문의 형식을 실험한 결과물이다. 페이지마다, 글마다 서로 다른 레이아웃과 디자인이 적용되어 기본 템플릿의 틀을 거부한 채 자유로운 구성이 펼쳐진다. 여기에 신문이 매개하는 광고물과 선전 전단지도

함께 실려 신문과 전단의 관계 역시 보여 준다.《뉴스페이퍼》는
종이 인쇄를 고집하며, 디지털 파일로 유통되는 것을 지양한다.
절판되더라도 PDF 파일 공유는 원칙적으로 허용하지 않는다.
초기 인쇄 방식은 오프셋(offset)이었으나, 2022년에 발행된
3호부터는 윤전 인쇄와 신문용 제작으로 전환하면서 판형과
인쇄에 변화가 생겼다. 일반 신문의 판형보다는 작지만,
윤전 인쇄가 가능한 규격이다. 이런 물질적 변화와 함께 3호
헤드라인은 말 그대로 새로운 세계, '신세계(新世界)'였다.
　　　하나의 느슨한 타이틀과 주제 아래,《뉴스페이퍼》는
동시대를 살아가는 큐레이터, 평론가, 작가, 요리사, 학자 등
50여 명의 참여자가 기고한 글과 이미지를 담아낸다. 기록에
대한 열망에서 시작한《뉴스페이퍼》는 지금 이 순간을 각기
다른 위치에서 텍스트, 이미지 등 여러 형식으로 풀어 나타낸다.
첫 호를 펼치면 2020년 한 해를 관통했던 미술계 성추행 사건과
팬데믹 상황 등 당시의 사회적 이슈들이 고스란히 드러나며, 3호
'신세계'에서는 팬데믹 종식 이후 기후위기, 전쟁과 같은 우울하고
무력한 현실 등에도 불구하고 새로운 세계의 의미와 가능성을
살핀다.

《이건 연애편지가 아닙니다》
좀 더 거슬러 올라가면, 신문이라는 형식과 전략을 탐구한 전시가
있다. 바로 전단 프로젝트《이건 연애편지가 아닙니다》이다.
2004년 8월 5일, 마로니에미술관(현 아르코미술관)에서 '도시에서
신문, 신문에서 도시'를 다양한 예술가의 시각으로 해석하는
전시가 열렸다. 큐레이터 최빛나가 기획한 이 전시에서
12명/팀의 참여 작가는 컬러풀한 낱장짜리 전단지를 제작해 실제

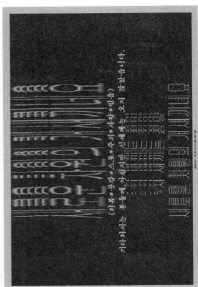

왼쪽부터 《뉴스페이퍼》 3호의 첫 면과 마지막 면.
(출처: 《뉴스페이퍼》 제공. 디자인: 신신, 인현진)

조간신문에 삽입, 배포했다.* 전시는 마로니에 미술관 소갤러리와
공원 사이에 설치된 주황색 컨테이너를 활용하여, 신문과
전단지를 열람하고 수집할 수 있는 공간으로 연출되었으며,
실제로 《동아일보》의 협찬을 받아 종로구 동숭동과 그 주변 지역
구독자들에게도 배포되었다.

　　큐레이터 최빛나는 이 프로젝트를 시작하며 다음과 같은
질문을 던진다. "단순히 러브레터는 아니지만, '러브레터'의
인간적 소통에 관한 우리의 낭만적이고 순진한 관념을 포용하면
우리가 글로벌 자본주의의 이 시대에 무엇을 소통할 것인가?"

---

* 참여 작가 명단은 다음과 같다. 마누엘 라이더, 양혜규, 양아치, 이라체 자이오와 클라
스 반 고르쿰, 피진 기록(임민욱, 프레데릭 미숑), 최성민과 최슬기, 최정화, 플렛메스.

조간신문에 삽입되어 배포된 전단 프로젝트 《이건 연애편지가 아닙니다》.
(출처: 최빛나 제공)

이 프로젝트의 의의는 단순히 예술 작품 홍보를 위한 매체
활용이나 디자인 개선을 넘어선다. 전단 자체의 전략을 전유하고,
새로운 해석과 번역을 통해 마치 연애편지처럼 설렘과 떨림을
유발하는 소통의 가능성을 탐색하는 데 그 목적이 있다. 전단은
비록 하찮고 귀찮은 사물로 여겨질 수 있으나, 그 힘은 결코
작지 않다. 서울 속에서 전단과 신문의 관계를 탐구한 전단
프로젝트에서는, 다양한 방식의 실험이 이루어졌다. 작가
양혜규는 신문에 실린 부동산 광고 이미지를 모아 전단을
제작했으며, 작가 임민욱은 목동 아파트 모델하우스 구축 현장을
사진으로 기록함과 동시에 사람들이 이상적 모델하우스를 직접
그려 볼 수 있도록 유도했다. 또한, 슬기와 민(최슬기, 최성민)은 참여
작가들의 작업을 팝업창 형식으로 띄워 웹상에서 신문 전단

슬기와 민, 《이건 연애편지가 아닙니다—전단 프로젝트》 웹사이트, 2004, 인터랙티브 소프트웨어. 작가 제공.

전략을 구현해 내는 작업을 선보였다.

　　인류학자 팀 잉골드는 역사적으로 인간의 표현 능력이 사라질 위기에 처한 적이 결코 없었다고 말한다. 그는 디지털 혁명의 미명 아래 우리의 손과 입에서 분리된 말들이 글로벌 정보통신 산업의 유동 화폐로 전환되는 모습을 비판하며, 손으로 글을 쓰는 능력이 억압받고 손 글씨가 사라지는 사회에 대한 위기감을 토로한다.* 현재 전화나 이메일 같은 즉각적인 통신 수단이 손 글씨를 대체하는 상황에서, 그는 손 글씨의 특징으로 '주의 기울임'과 '쓰는 이의 고유한 의지 및 방식을 반영하는 자율성'을 꼽는다. 따라서 그가 손 편지를 언급하는 것은 단순히

---

* 팀 잉골드, 김형우 옮김, 『조응: 주의 기울임, 알아차림, 어우러져 살아감에 관하여』(가망서사, 2021), 25쪽.

잃어버린 세계, 과거에 대한 향수를 표현하는 것이 아니다. 오히려 이는 우리가 직면한 현실을 다시금 깊이 인식하고, 주의 기울임과 자율성을 회복하기를 바라는 간절한 마음에서 비롯된 것이다.

그의 말에 주목하다 보면, 우리가 서 있는 현실과 마주하는 세계를 해석하고 기록하는 매체로서 신문은 여전히 의미를 지닐 수 있다. 대화와 소통은 점점 미끄러지고 왜곡되며, 대화의 불가능성을 무력으로 해결하려는 시대에, 《뉴스페이퍼》와 같은 유사 신문의 등장은 오히려 반가운 신호일지도 모른다. 이들이 현실 세계를 사랑하든 않든 간에, 최소한 자율적으로 세계에 주의를 기울이고 그것을 읽어 내는 시도를 하고 있기 때문이다. 그렇기 때문에 지난 1월 12일, 망원동 엑스엑스프레스(XXPRESS)에서 열린 《뉴스페이퍼》 전시 연계 토크에서, 이 매체의 지속가능성을 진지하게 고민하는 기획자들에게 이런 말을 전하고 싶었다. '마음대로 실험하기를.'

서리북

구정연
예술가의 집단적 실천과 지식 생산 및 유통 형태에 관심을 두고 이를 연구한다. 국민대학교 제로원디자인센터에서 큐레이터를 거쳐, 미디어버스와 더 북 소사이어티에서 공동 디렉터로 활동했다. 국립현대미술관에서 MMCA 작가연구 총서 및 출판 지침, 한국 근현대 미술 개론서 『한국미술 1900-2020』 등 학술 연구 및 공공 프로그램을 기획했다. 현재 리움미술관에서 교육연구실장으로 일하고 있다.

어쩌다 책방을 운영하게 됐을까

김수진

어쩌다 프로젝트 디렉터 김수진 (출처: 김수진 제공. 사진 촬영: 이승훈)

경영학의 기본 원칙에는 공감할 수 없는데요

서점을 운영한 지도 올해로 꼭 10년이 됐지만 나는 아직도
내 직업을 간단히 설명하지 못한다. 서점을 운영하는 건 맞지만
공간을 기획하는 일을 주로 하고 있기 때문이다. 책방을 열었던
해에는 책을 팔았고 갤러리를 열었던 해에는 그림을 팔았다.
복합상업시설을 만들었던 해에는 건물을 거닐며 입주 설명회를
하기도 했다. 직업을 길게 설명하기 어려운 자리에서는 '제
직업은 오프너입니다'라고 말하며 웃어넘기고는 했다. 사실
나는 고등학생 시절 드라마 〈내 이름은 김삼순〉을 보며 레스토랑
사장을 꿈꿨다. 나에게는 공부에 진즉 손을 놓고 요리를 배우며
레스토랑 운영을 꿈꾸는 남동생이 있었다. 당시의 외식업계는
아웃백이나 T.G.I.프라이데이스 같은 패밀리레스토랑이
유행이었다. 지원할 대학을 고민하며 그런 생각을 했다. '경영학을
배우면 동생과 저런 레스토랑을 운영할 수 있지 않을까?' 나는
태어나서 20년을 보낸 고향인 강릉을 떠나 홀로 상경했다.

　　순진한 생각은 첫 수업에서부터 처참하게 부서졌다. 포드와
토요타 사의 생산 관리 시스템을 배울 때에는 '친구들은 다
외제 차를 타본 건가?' 궁금하기만 했고 재무제표를 분석하는
수업에서는 끝없이 늘어진 숫자를 세다가 지쳐 버렸다. 일, 십, 백,
천, 만, 십만, 백만, 천만…… 모든 전공 수업은 어떻게 하면 비용을
절감할 수 있는지, 어떤 방식으로 사람을 관리해야 더 많은 이윤을
낼 수 있는지에 대한 내용이었다. 이것은 경영학의 기본 원칙인
'최소 비용 최대 이윤'을 의미했다. 여기서 사람은 '인적 자원'이라
불렸다. 나는 학부 생활 내내 이 원칙에 설명할 수 없는 반감과
의심이 들었다. '최소 비용을 들였는데 어떻게 최대 이윤이 나지?'
하지만 그런 의심만으로 한 학기에 수백만 원이 넘는 등록금을

어쩌다 책방의 서가. (출처: 김수진 제공)

무시할 수는 없었다. 나는 학부 생활을 열심히 했다. 아르바이트를
하지 않고 학교생활을 하려면 장학금을 받아야 했다.

매일의 학업에는 열심을 다했지만 마지막 학기가 될
때까지도 진로를 결정하지 못했다. 나는 이제 겨우 지하철 노선도
보는 법을 익혔는데 동기들은 일찍이 금융권 취업을 목표로
착실하게 취업 준비를 하고 있었다. 마지막 학기가 되자 동기들은

매끈한 정장을 입고 면접을 보러 다녔고 불안을 감당할 수 없었던 나는 휴학계를 냈다.

서울에서는 강남과 홍대밖에 몰랐던 나는 그나마 집과 가까운 홍대입구역을 자주 들락거렸다. 온갖 진귀한 가구가 가득한 디자인 카페, 외국 브랜드의 쇼룸이 즐비한 길을 걸으며 진로에 대한 불안을 마취시키고는 했다. 집에 돌아오면 불안이 숨통을 조여 왔지만 멋있는 장소와 사람들 틈에 앉아 있으면 현실의 문제가 다 해결된 미래에 와 있는 기분이 들었다. 여느 날처럼 회피성 산책을 마친 후 지하철역으로 걸어가던 길이었다. 작은 가게 문 앞에 붙어 있는 노란 종이가 눈을 끌었다. '스태프를 구합니다'. 그곳은 서점이었다.

프라이탁 가방과 매끈한 정장 사이에서

진로를 고민할 시간을 벌어 보자는 생각으로 일을 시작했다. 서가를 닦고 책을 입고하고 음료를 만들고 손님을 맞이한 지 6개월 정도가 지났을 무렵이었다. 손님들에게 눈에 띄는 공통점이 있었다. 차림새와 태도가 내가 아는 여느 직장인과는 달랐다. 일을 하는 사람 치고 지나치게 편안해 보였고 모두 비슷한 가방을 들고 있었다. 손님들은 프리랜서였고 가방의 브랜드는 프라이탁(FREITAG)이었다. 그 두 단어는 학교에서 배운 방식 외에 다른 방식으로 살 수 있다는 걸 알려 준 기호였지만 나는 그것의 의미를 해석하지 못했다. 한낮에 카페에서 일하는 게 멋져 보이는 건지, 남들이 잘 모르는 브랜드를 아는 게 멋져 보이는 건지 알 수 없었다.

1년간의 아르바이트 생활을 마치고 나는 대형 서점의 전략 기획 부서에 취업했다. 프라이탁을 멘 손님들과 매끈한 정장을

책상 앞 골목에서 바라본 어쩌다 책방. (출처: 김수진 제공)

입은 친구들 사이에서 고른 적당한 선택이었다. 작은 서점에서 만났던 사람들처럼 자유롭게 일하고 싶었지만 번듯해 보이는 직장이 없는 건 무서웠다. 신입이 귀했던 회사에서는 원치 않게 눈에 띄는 사원이 되고는 했다. 매출 증대 회의에서 "어디 신입 사원이 참신한 아이디어를 좀 내봐라"라는 부장님의 말에 "온라인 광고를 만들면 어떨까요?"라고 말한 길로 나는 회사의 광고 제작 담당자가 되어 버렸다. 확인차 다시 적어 보자면 당시 나는 1년 차였다. 엉망진창으로 완성된 광고 영상을 받아 들고서야 알았다. 목표를 위해 의기투합하는 자리인 줄 알았던 회의는 사실 누구에게 책임을 떠넘길지 시한폭탄 돌리기를 하는 시간이었다는 걸, 칭찬이라 생각한 박수는 사실 폭탄 처리반을 찾은 기쁨에 터져 나온 박수였다는 걸. 그 후에도 각 부서의 장들은 서로에게 책임을 떠넘기다가 회의실에서 의자를 던지고 주먹다짐까지 하기에 이르렀다.

당시 사무실은 창문도 열리지 않는 14층 고층 빌딩에
있었다. 모든 테이블 사이에는 파티션이 있었고 동료가 바로 옆에
있었지만 대화는 꼭 인트라넷으로 했다. 부진한 매출에 대한
책임을 묻는 회의가 이어지던 어느 날, 답답한 속을 주체하지
못하고 화장실로 도망쳐 변기에 앉아 울고 있을 때였다. 변기 물을
내리면서 울음소리를 감추고 있는데 선배에게 전화가 왔다.

"아직 회사 다녀? 혹시 이직 생각 있니? 며칠 전에 만난
소장님들이 건물을 지었는데 빈 공간에서 뭔가를 할 사람을
찾는다네…… 근데 서점을 하면 좋을 것 같은데 네가 한번
해볼래?"

"응, 할게."

"무슨 회사인지도 잘 모르겠던데……?"

"무조건 할게."

'어쩌다 책방'의 시작, 그리고 '어쩌다 산책'

회사는 작고 복잡한 망원동 골목 안에 있었지만 독특한 외관
덕분에 금세 눈에 띄었다. 건물에는 '어쩌다 가게'라는 이름이
적혀 있었다. 회사는 이곳을 기획하고 설계한 건축사사무소였다.
건물에는 작고 특색 있는 다양한 가게들이 입주해 있었고
사무실은 제일 위층에 있었다. 건축사사무소에 뜬금없이 경영학
전공자가 채용된 경위는 이러했다. 보통의 경우 건물을 짓고 나면
건축가들의 일은 끝난 셈이었지만 건축주들은 완공된 건물의
운영 방식에 대해 종종 자문을 구해 왔다. 비슷한 일이 반복되자
사무소는 그 업무를 담당할 팀을 새롭게 만들었다. 필요에 의해
만들어졌지만 구체적인 일의 내용이나 방식은 정해져 있지
않았다. 그 팀의 유일한 직원이 나였다.

어쩌다 가게는 모든 층이 반 층씩 겹쳐 있는 '스킵 플로어(skip floor)' 방식으로 설계되었는데 그건 한두 명이 운영하는 작은 가게들이 서로 단절되지 않도록 고려한 것이었다. 건물 중앙에 골목처럼 이어진 계단은 사람을 마주치면 한 사람이 꼭 피해 주어야 하는 불편함이 있었지만 덕분에 우리는 배려하는 몸짓을 배웠다. 공용으로 쓰는 탕비실에는 아침마다 커피가 필요한 사장님들과 동료들이 모여들었다. 매일 아침잠이 덜 깬 얼굴로 이야기 나누며 우리는 조금씩 가까워졌다. 건축에 관해서라면 문외한이었지만 이 건물의 모양이 관계의 감각을 바꾸어 놓고 있다는 것은 알 수 있었다. 회사의 유일한 비전공자인 데다 주어진 일의 성격도 모호했지만 동료들은 사용자로서의 내 경험을 경청해 주었다. 1인 가구를 위한 집을 설계할 때는 오랜 1인 생활자로서, 책방을 설계할 때는 책방 운영자로서 동료들과 함께 일했다.

바로 이 건물 1층에 선배에게 통화로 들었던 그 빈 공간이 있었다. 33제곱미터의 작은 공간에는 '라운지'라는 이름이 붙어 있었다. 이런저런 시도를 해본 흔적이 남아 있었지만 '라운지'라는 이름에서 느껴지듯 뚜렷한 용도가 없는 곳이었다. 그곳을 어떻게 운영할지에 대한 논의가 이어졌고 팀의 유일한 직원인 내가 해볼 수 있는 일이자 복합상업시설 안에서 남녀노소 모두를 환대할 수 있는 업종이란 이유로 책방이 최종 선택지가 됐다. 밤늦게까지 도면과 씨름하는 동료들 사이에서 나는 여전히 모호한 이 일을 어떻게 하면 선명하게 그려 낼 수 있을지 고민했다. 나는 라운지라는 이름을 지우고 새로운 이름을 붙였다. 회사의 프로젝트와 결을 함께하면서도 공간의 성격을 드러낼 수 있는 이름. 그게 '어쩌다 책방'의 시작이었다.

시작을 앞두고 얼마간 의욕이 넘쳤지만 금세 걱정이 몰려왔다.

이탈로 칼비노의 작품들로 꾸린 쉰네 번째 '이달의 작가전'(2025.2.13.–2025.4.15.) 전시 공간.
(출처: 김수진 제공)

2016년은 하루에도 몇 개의 독립서점이 생겨나던 시기였고
지척에는 이미 섬세한 큐레이션으로 정평이 난 서점도 있었다.
가게를 운영해 본 경험도 없고 몇 년간 서점 언저리에 있었지만
출판계에 관해 아는 바도 거의 없었다. 하지만 원가 비율이
70-80퍼센트에 달하는 독립서점 생태계에서 공간을 보장받고
책방을 운영할 수 있다는 건 말도 안 되는 운이고 복이었다. 나는
욕심부리지 않고 기본부터 시작해 보기로 했다. 내가 세운 기본은
두 가지였다. 첫 번째는 1시부터 9시까지 주 6일 동안 운영 시간
준수하기. 두 번째는 매달 한 작가를 소개하는 '이달의 작가전'

기획하기였다. 책방을 운영하는 동안 매일 읽고 공부하겠다는
다짐이었다. 디자인 툴을 다뤄 보는 것도 처음이었지만 매일
사용하다 보면 금방 늘지 않을까 싶어 디자인도 작가전마다
다르게 만들어 보기로 했다. 하지만 초보 운영자가 세운 '기본'은
사실상 한 사람이 부릴 수 있는 최대치의 욕심이었다. 운영 시간을
지키며 원고와 씨름하고 나면 퇴근 시간이었고 디자인 툴의
각종 작업 버튼을 누르다 보면 자정이 넘었다. 매일 밤을 새워
만들었지만 결과물을 볼 때면 쥐구멍에 숨고 싶은 마음뿐이었다.
　　야근을 하느라 저녁 식사를 놓친 날이면 책방 바로 위층에
있는 술집에서 안주를 식사처럼 먹었다. 사장님은 안주를
고봉밥처럼 쌓아 주며 나의 건강을 염려했지만 당시의 내가
걱정할 건 형편없는 책방을 보고 실망할 손님들의 얼굴뿐이었다.
하지만 책방은 정말 이상한 곳이었다. 작가님들은 기획, 홍보
어느 면에서 보아도 부족한 작은 동네책방의 작가전 제안을
선뜻 수락해 주셨다. 동료들은 내가 겁 없이 세운 운영 시간을
지킬 수 있도록 서로의 일정을 조율하며 주말을 내어주었다.
무엇보다 바로 다음 날 아침 집 앞까지 배송해 주는 온라인
서점을 두고 책방에서 책을 사서 이고 지고 가는 손님들이 있었다.
책방도 경영의 원칙 아래에 있는 하나의 상업 공간이었지만
이곳에서 만난 사람들은 학교와 회사에서 배운 '최소 비용 최대
이윤'이라는 경영학의 원칙을 가소롭게 만들었다. 기본이라
생각하고 만든 일들이 욕심인 것도 알았고 그것 때문에 몸과
정신을 혹사하고 있다는 것도 알았지만 이곳이 사라져 버릴까 봐
멈출 수 없었다. 책방은 내가 의심을 품었던 것들에 대한 답처럼
보였다.
　　동료들까지 혹사하며 4년 차를 맞았을 때 우리에게 좋은

어쩌다 산책의 중앙 정원. 1년 전 영업을 마친 어쩌다 산책은 이제 두 번째
산책을 준비 중이다. (출처: 김수진 제공)

기회가 생겼다. 혜화의 한 건물에 규모를 키워 330제곱미터(약
100평) 공간에 책방과 카페를 함께 구성하는 일이었다. 나는
그곳에 어쩌다 책방에서 소개했던 작가인 로베르트 발저의 책
『산책자』에서 이름을 가져와 '어쩌다 산책'이란 이름을 붙였다.
실제 산책이 그렇듯 공간을 거닐 수 있도록 동선을 구성하고
중앙에는 정원을 만들어 나무를 심었다. 무엇보다 공간 곳곳에
넉넉한 여백을 두었다. 발저의 산책이 그랬듯 작고 연약한
것을 눈여겨보는 곳, 산책이란 행위처럼 목적 없이 무용한
시간을 소중히 여기는 곳으로 운영하고 싶었다. 우리는 손님을
'산책자'라고 불렀다. 책방을 운영하며 배운 가치들을 지키면서도
10년, 20년 지속되는 공간이 가능하다는 걸 손님들과 함께
증명하고 싶었다.

　　2024년, 어쩌다 산책은 5년간의 영업을 마치고 문을 닫았다.
이윤을 내도 유지하기 어려운 구조라는 업계의 현실은 나의

의지를 바닥으로 끌어내리고는 했다. 어쩌다 산책의 마지막 영업
날이었던 2024년 2월 25일, 책방 운영 이래 처음으로 문 앞에
길게 늘어선 줄을 보았다. 어떤 손님은 구매할 이유가 하나도
없는, 남아 있는 과월호 매거진을 수십 권 구매했고 누군가는
책 여러 권과 음료를 잔뜩 계산하고 '음료는 일하시는 분들
나눠 드세요'라며 황급히 자리를 떠나기도 했다. 손을 맞잡고
우는 손님, 포옹으로 위로해 주는 손님, 금일봉을 쥐여 주는
손님까지. 나는 영업시간 내내 눈가가 젖어 있었다. 손님들이 떠난
자리에는 꽃다발과 편지, 음식, 각종 선물들이 쌓였다. 도대체
그건 무엇이었을까. 나는 휩쓸려 사라질 걸 알면서도 파도 앞에서
자꾸만 모래성을 다져 올리는 사람들의 모습을 떠올렸다.

책방은 끊임없이 다시 태어날 것이다

소설가 이탈로 칼비노는 지옥을 벗어나는 방법에는 두 가지가
있다고 말했다. 첫 번째는 지옥을 받아들여서 여기가 지옥이
아니라고 생각하는 것, 두 번째는 지옥 속에서 지옥이 아닌 것을
찾아내 그것에게 공간을 부여하는 것이다. 그에게 유토피아란
다른 곳에 존재하는 게 아니라 지금 여기 현실 속에 있는
것이었다. 칼비노의 말처럼 나는 그동안 공간을 부여하고 싶은
것들을 찾아다닌 것 같다. 작은 동네책방이 수익을 내기 힘든 출판
유통업계의 현실, 초보 운영자의 욕심, 그로 인한 재정난 등 온갖
어려움이 도사리고 있었음에도 10년간 책방을 운영할 수 있었던
건 아이러니하게도 학교에서 '비용'이라고 배운 것들 덕분이었다.
숫자로 환산되지 않는 것, 수고로운 것, 모호하고 이해되지 않는
것들 말이다. 책의 의미는 고정된 것이 아니라 독자와 독서 과정,
책이 있는 장소에 따라 매번 다시 태어난다. 그 순간은 비용이나

2023년 9월 어쩌다 책방. (출처: 김수진 제공)

효과, 자산 같은 단어로 수렴될 수 없다.

　어쩌다 책방은 7년간의 망원동 생활을 정리하고 연남동으로 자리를 옮겼다. 새로운 책방에는 '우연과 상상의 장소'라는 표어를 걸었다. 이곳에는 저자와 독자가 만날 수 있는 다양한 형태의 서가, 통로, 공간을 만들었다. 책방에서는 명확한 답을 말하는 책보다 우리와 함께 걷고 대화하고 사유하는 책을 소개하고 싶다. 독자와 저자가 만나는 순간에 태어나는 임시적이고 자율적인 유토피아. 그곳이 책방이라면 우리가 문을 닫게 되는 일은 없지 않을까? 설혹 그렇게 되더라도 책방은 끊임없이 다시 태어날 것이다. 우리의 상상 속에서, 기억 속에서. **서리북**

김수진
어쩌다 프로젝트 디렉터. 책을 공간으로 구현하는 일에 관해 생각한다. 2016년부터 큐레이션 서점 '어쩌다 책방'과 '어쩌다 산책'을 운영하고 있다.

리뷰

재반론

서울
리뷰 오브
북스

한강 장편소설

작별하지 않는다

문학동네

『작별하지 않는다』
한강 지음
문학동네, 2021

한강, 우리를 불편하게 하는 문학

서영채

한강은 사람을 불편하게 하는 작가이다. 그의 책을 읽는 일은 대개 즐겁기보다는 괴로운 일에 속한다. 그런데도 많은 사람들이 한강의 책을 찾는다. 무엇 때문일까. 우리가 제대로 된 삶을 살고자 하는 한, 그 불편함은 결코 외면하거나 회피할 수 없는 것, 누구나 종국에 한번은 직면할 수밖에 없는 것이기 때문이라 해야 할 것이다. 한강의 소설 속에서 그런 불편함은 어떻게 만들어지고 어떤 의미를 지니는가. 그의 최근작, 장편소설 『작별하지 않는다』를 중심에 놓고 살펴보자.

세 개의 불편함

책 읽기에 친숙하지 않은 독자들에게 한강의 책을 읽는 것은 쉽지 않은 일이다. 한강의 책은 독자들에게 느리게 읽기를 요구하기 때문이다. 책을 읽더라도 핵심적인 정보를 찾아내는 데 익숙한 독법의 독자들에게는 특히 불편한 일이 아닐 수 없다. 문장 사이가 촘촘하고 건너뛸 수 없는 문장들로 채워져 있는 까닭이다. 초기에도 그러했지만 최근작들로 올수록 더욱 심해진다. 일상적 독법의 소유자에게는 그 호흡을 따라가는 것 자체가 쉽지 않다.

　이 어려움을 넘어서서 안으로 들어가면 또 다른 불편함들이 기다리고 있다. 이는 최소한 두 가지 수준이다. 먼저 소재적인 측면에서, 사람들의 마음에 생긴 깊은 상처와 대면해야 한다는 사실이다. 그것은 『검은 사슴』처럼 개인적인 수준에서 생겨난 것이기도 하고, 때로 『채식주의자』처럼 집단적 문화의 수준이거나, 『소년이 온다』와 『작별하지 않는다』처럼 한국 현대사에 자리 잡고 있는 치명적 트라우마이기도 하다.

　그런데 독자에게 정작 문제가 되는 것은, 상처 자체가 아니라 그 상처의 깊이다. 작가가 상처 속으로 깊이 침잠해 가는데, 책 읽는 독자들 역시 따라가지 않을 수가 없다. 텍스트와 독자 사이에 고통에 대한 공감이 형성되기 시작하면, 소재는 말문을 닫고 이제부터는 정동의 깊이가 말을 하기 시작한다. 고통 속으로 함께 들어가는 일이니 힘들지 않을 수 없다. 한강의 책에서 우리가 직면하는 좀 더 근본적인 불편함은, 이처럼 고통이 소재에서 정동으로 이행하는 순간 생겨난다. 그것은 윤리적 올바름이나 정치적 책임의 문제 너머에 있다. 이 수준의 불편함은, 불편함 너머의 불편함이라 할 수도 있겠다.

　거식증에 시달리는 한 여성은 자기를 구해 내고자 하는 언니에게 말한다. "왜, 죽으면 안 되는 거야."* 이 반문은 『채식주의자』의 인물을 통해 직설적으로 발화되지만, 한발 물러나서 바라보면 한강의 작품 세계 전체에 깔려 있음을 알 수 있게 된다. 텍스트에 드러난 작가 자신의 명시적 의도와 무관하게 그러하다. 죽음을 선택하고자 하는 인물의 의지는 구체적인 줄거리 배후에, 즉 『채식

---

* 한강, 『채식주의자』(창비, 2007), 191쪽.

주의자』의 영혜가 폭력적인 가부장적 문화의 누적된 충격으로 인
해 거식증자가 되어 간다는 이야기 너머에 존재하는 어떤 것이라
해야 한다. 그것은 식물 되기에 대한, 그러니까 인간=동물로서의
삶의 종식에 대한 제어하기 힘든 동경이라는 점에서 그러하다.

　　그렇다고 해서 그것을 곧바로 죽음 예찬이라고 해서는 곤란
하다. 틀린 이야기가 아니라 절반만 맞는 이야기라서 그렇다. 영혜
의 거식증과 식물 되기의 환상은 당연히 죽음 충동의 발현이지만
그것은 동시에 자기가 견지해 온 삶의 방식에 대한 강한 수호 의지
이기도 하다. 삶과 죽음의 대극성이 끝나는 지점, 삶과 죽음이 일치
하는 지점에서 바라보아야 그 뜻이 좀 더 명확하게 드러난다. 영혜
가 보여 주는 식물 되기의 충동은 자기 죽음의 고유성을 지키고자
하는 것, 곧 죽음을 통해 자기 삶의 고유성과 일관성을 고수하고자
하는 일이라고 하겠다. 그러니까 여기에서 중요한 것은 삶도 죽음
도 아니다. 한 사람이 견지하고자 하는 자기 자신의 고유성일 뿐이
다. 한강이라는 개인을 작가의 자리로 인도한 것도 바로 그 힘이었
을 것이다.

문학의 윤리, 시민의 정치

한강의 장편 『작별하지 않는다』를 지배하는 것은 제주도 중산간
지역에 내리는 폭설의 이미지이다. 그리고 그 핵심에는, '어린아이
의 뺨에 내려앉은 녹지 않는 눈'의 심상이 놓여 있다. 말할 것도 없
이 죽음의 상징이다. 살아 있는 사람의 따스한 볼에서는 눈이 녹지
않을 수 없는 까닭이다.

　　이 이미지는 세 겹으로 겹쳐 있다. 첫째는 1948년 제주도 중
산간 지역에서 학살당한 사람들의 얼굴을 덮고 있던 눈, 둘째는 그
눈을 치우며 시신의 신원을 확인하는 어린 자매의 모습이다. 다른

곳에 있다가 요행으로 죽음을 면한 어린 자매가, 학살 현장에서 가족들의 생사를 확인하는 장면이 그 복판에 있다. 학살 사건으로 인해 이들은 부모를 잃었고, 총을 맞고도 아직 살아 있는 막내 여동생이 마침내 죽어 가는 모습을 보아야 했다. 그 자매 중 한 사람이, 『작별하지 않는다』의 주인공 인선의 모친이다. 그런 경험이란 평생을 따라다니는 트라우마가 아닐 수 없겠다. 인선이 고등학교 시절 가출했다가 사고를 당하고 의식 불명이 되었을 때, 인선의 모친은 꿈을 꾼다. 엄마의 꿈속에서 인선은 다섯 살 먹은 모습으로 눈밭에 앉아 있는데, 뺨에 앉은 눈이 녹지 않는 모습이었다고 한다. 엄마는 그 장면에 몸이 덜덜 떨릴 만큼 무서웠다는 것이고.

이 두 개의 이미지는 모두 1948년 제주도 민간인 학살 사건을 바탕으로 삼고 있는 것, 역사적 트라우마를 한 개인의 차원에서 재현해 내고 있는 것이다. 합당한 애도를 받지 못한 사람들을 위해 문학이 장례식을 치러 주고 있다는 점에서, 『작별하지 않는다』는 1980년 광주 학살을 다룬 『소년이 온다』와 같은 층위에 있다고 해야 하겠다. 한국 문학사의 차원에서 보자면 이것은 한강보다 한 세대 앞의 작가들, 『봄날』의 임철우와 『순이 삼촌』의 현기영 뒤를 잇고 있는 것이기도 하다.

그런데 여기에서 확인되는 한강이라는 작가의 특이성은, 자기 세계에 도달한 과정이 선배 세대와 정반대의 방향성을 지니고 있다는 것이다. 이는 그가 1990년대에 소설을 쓰기 시작한 세대라는 점과 연관되어 있다. 임철우에게는 광주가, 그리고 현기영에게는 제주가 그들 문학의 원점이라고 할 수 있다. 비극적 역사를 재현해 내는 것이 그들에게는 문학의 출발점이자 필생의 소명이었던 까닭이다. 그들은 모두 1987년 민주화 이전에 청년기를 보냈고 글쓰기를 시작했던 세대들이다. 이들의 글쓰기는 역사적 트라우

1948년, 중산간 지대로 피신한 제주 주민들.(출처: 미국 국립문서기록관리청)

마의 현장에서 시작되었던 것이다. 하지만 한강의 경우는 이와는 정반대이다. 역사적 상처와 거리가 먼 곳에서 시작하여 그 상처를 향해 간다. 앞 세대의 경우는 역사적 상처가 문학을 소환했다면, 한 강의 경우는 반대로 문학성에 대한 추구가 역사적 상처를 찾아냈다는 것이다.

　　한강이 거쳐 온 작가로서의 여정은 1987년 체제의 성립 이후에 시작되고 진행되어 왔다. 한국 민주화의 역사는 그 이후로 지금에 이르는 동안, 다소의 부침은 있지만 민주주의 발전과 민주적 역량의 강화라는 근본적 방향성은 달라지지 않았다. 몇몇의 심각한 장애가 새로운 추진력을 만들어 내면서 여기까지 이른 것이 오늘날 확인되는 한국 민주화의 역사이다. 한강의 글쓰기는 그런 흐름의 초입부에서, 역사·정치적 의제로부터 거리를 유지한 상태에서 시작되었고, 그 후 오랜 동안 문학 자체에 대한 충실성의 추구라는 글쓰기의 기조를 유지해 왔다. 그런 그이기에, 『채식주의자』 같은 소설을 내놓은 것은 당연해 보이는 것이지만, 역사적 비극을 다룬 『소년이 온다』를 내놓고, 뒤이어 『작별하지 않는다』를 선보인 것은 특이한 일이 아닐 수 없다.

한강의 문학이 보여 주는 이런 흐름은, 문학의 윤리가 그 자체로 농축됨으로써 문학의 정치로 발현되는 매우 특이한 모습에 해당한다. 한국 문학사의 관점에서는 예외적이지만, 그런 예외성이 오히려 문학의 윤리가 지닌 본질적 속성을 웅변적으로 드러내 주는 것이기도 하다. 한 작가가 글쓰기의 장인으로서 수행해 낸 충실성이 그 자체로 시민 정치가 되는 특별한 장면을 만들어 냈다는 점에서 그러하다.

또한 이런 점이야말로 한강의 문학이 지니는 보편적 호소력을 만들어 낸 힘이라고 할 수 있을 텐데, 『작별하지 않는다』에서 펼쳐지는, 슬픔으로 가득 차 있으면서도 아름다운 눈의 이미지는 기본적으로 이런 흐름 위에서 파악할 수 있다. 녹지 않는 눈의 이미지가 지닌 세 번째 층위는 이와 연관해서 살펴볼 수 있겠다.

삶의 허물벗기

『작별하지 않는다』가 품고 있는 핵심 이미지의 세 번째 층위는 몸이 서서히 돌이 되어 가는 장면과 연관되어 있다. 『작별하지 않는다』라는 소설은 폭설 속을 헤매다 죽을 뻔한 한 여성(경하)의 하룻밤을 다루는 이야기이다. 제주도가 고향인 절친(인선)의 집에 가서 앵무새를 살려 내기 위한 여정이었다. 이 이야기에서 우리가 살펴야 할 서사의 심장은, 오래전 두 사람이 친구가 된 사연의 한 에피소드 속에서 꿈틀거리고 있다. 한강의 문학 세계를 관통하고 있는 존재론적 테마라는 점에서 그러하다.

경하와 인선은 잡지사에서 만나 인연을 맺게 된 20년 지기 친구 사이다. 그들이 함께 취재 여행을 떠났을 때 여러 산에서 돌이 된 여성의 전설을 알게 된다. 그 전설이란 한국에서는 '며느리 바위' 전설로 알려진 이야기이고, 구약에 나오는 롯의 아내 이야기와 동일한 화소를 지닌 것이다. 하늘의 저주를 받아 끔찍한 일이 벌어지는 날, 미리 사태를 알고 집에서 빠져나온 한 착한 여성이 끝내 뒤를 돌아보았다가 돌이 되는 이야기가 곧 그것이다. 바위의 전설 이야기를 들으며 경하는 그 여성이 돌이 되는 장면을 상상했었다. 발이 먼저 돌이 되고, 종아리까지 돌이 되고, 골반과 심장과 어깨가 돌이 되는 장면을 그려 보았던 것이다. 그때 인선이 말을 한다. "돌이 됐다고 했지, 죽었다는 건 아니잖아요?"(241쪽) 이런 대화를 나누는 순간 두 사람은 말을 놓고 친구가 된다. 전설이 깃든 바위에 대해 인선은, "돌로 된 허물"(241쪽)이라고 표현했었다.

그런데 이것이 왜 '뺨에 붙어 녹지 않는 눈', 죽음을 상징하는 기이하고 아름다운 이미지의 세 번째 층위가 될까. 나아가 이것이 왜 『작별하지 않는다』만이 아니라 한강의 작품 세계 전체와 연관되어 있는 것이라 할 수 있을까.

여기에서 허물벗기는 죽음과 삶이 겹쳐 있는 존재론적 영역을 건드리고 있다는 점을 지적해야 하겠다. 곤충이나 파충류의 허물벗기란 사람으로 치면 옷을 벗는 것, 혹은 옷을 갈아입는 것과 다르지 않다. 『채식주의자』의 영혜도 나무 되기의 환상에 시달리면서 상의를 벗어 버리고는 한다. "내가 믿는 건 내 가슴뿐이야. 난 내 젖가슴이 좋아. 젖가슴으론 아무것도 죽일 수 없으니까"*라는

---

* 같은 책, 43쪽.

인상적인 구절이 나오는 대목이기도 하다. 또 한강의 첫 장편 『검은 사슴』에 등장하는 젊은 여성 의선도 의식 두절 상태에서 옷을 벗고 거리에 나서고는 하는 인물이다. 보란 듯이 활보하는 스트리킹족이 아니라, 마치 넋이 빠져 버린 사람처럼, 『작별하지 않는다』의 표현을 다시 빌리자면 귀찮은 허물을 벗어 버리듯이 옷을 벗고 거리에 나서는 사람이다.

이 여성들의 '허물벗기'는 매미나 잠자리, 나비 같은 곤충들의 모습을 연상시킨다(『검은 사슴』의 의선과 『작별하지 않는다』의 인선이 공유하고 있는 '선' 자는 이런 특성으로 인해 '매미 선(蟬)'으로 읽힌다). 인간의 탈피는 단순히 몸의 변신이 아니라 한발 더 나아가 존재의 다른 층위로의 이동에 해당한다. '돌이 된 여성'들이 구현하는 '허물벗기'는, 사람 형상으로부터의 탈피이면서 또한 동시에 삶으로부터의 탈피에 해당한다. 그러니까 그들이 남긴 돌 허물로서의 바위는, 삶과 죽음을 이어 주는 밧줄 같은 것에 해당할 것이다.

『작별하지 않는다』의 2부에서는 죽은 앵무새가 다시 살아나고, 병원에서 고통을 받고 있는 인선의 혼령이 경하를 찾아온다. 당연히, 죽은 사람의 뺨만이 아니라 혼령의 뺨에서도 눈은 녹지 않는다. 죽음과 삶의 경계가 흐려져 버린 세계가 환상의 모습으로 등장하는 것이다.

『채식주의자』의 3부에서 죽어 가는 영혜에 대해 한강은 이렇게 쓴다.

봄날 오후의 국철 승강장에 서서 죽음이 몇 달 뒤로 다가와 있다고 느꼈을 때, 몸에서 끝없이 새어나오는 선혈이 그것을 증거한다고 믿었을 때 그녀는 이미 깨달았었다. 자신이 오래전부터 죽어 있었다는 것을. 그녀의 고단한 삶은 연극이나 유령 같은 것에 지나지 않았다는 것을. 그녀의 곁에 나란히 선 죽음의 얼굴은 마치 오래전에 잃었다가 돌아온 혈육처럼 낯익었다.*

『작별하지 않는다』가 다시 살아난 이미 죽은 존재들의 세계라면, 『채식주의자』는 이미 죽어 있는 산 사람들의 세계이다. 방향은 다르지만, 모두 죽음과 삶이 겹쳐 있는 곳에서 펼쳐지는 그림들이다.

한강이 지닌 보편적 호소력의 원천

이렇게 보면, 한강의 소설이 우리에게 새삼스럽게 상기시켜 주는 존재론적 차원이 있음을 알게 된다. 그것은 물론 역사적 트라우마라는 매우 뚜렷한 소재 뒤에 감추어져 있으나, 현실과 역사의 폭력이 훨씬 더 깊은 공감력으로 올 수 있는 것은 존재론적 차원이 바탕 그림으로 존재하고 있기 때문이다. 그것이 한강의 문학이 지닌 보편적 호소력의 원천일 것이다.

　한강의 서사 바탕에서 기저 저음으로 들려오는 소리가 있다. 죽음이 삶의 고향이라는 사실, 우리의 삶은 죽음 위에서 이루어진다는 사실이다. 삶이란 거대한 죽음의 바다 위에 찰랑거리는 잔물결 같은 것임을, 두 죽음 사이에 놓여 있는 밧줄 같은 것임을, 살아 있는 모든 존재들은 시시각각 죽어 가고 있을 뿐 아니라 파도가 바다의 일부이듯이 그 자체가 이미 죽음의 일부라는 것을, 돌 허물을 남기고 간 전설 속의 여성들이, 녹지 않은 눈을 뺨에 붙이고 꿈자리를 찾아온 사경을 헤매는 딸의 혼령이, 사람의 옷을 벗어 버리고 나무가 되어 가는 인물들이 일깨워 주는 것이다.

---

* 같은 책, 201쪽.

그러니 살아 있는 사람으로서는 이런 사실에 직면하는 일이 불편하지 않을 수 없다. 사람의 삶만이 아니라 생명 현상이라는 것 자체가, 우주라는 거대한 죽음의 공간에서 생겨난 매우 특이한 비상사태에 불과하다는 것은 누구나 생각하면 알 수 있는 것이다. 그럼에도 우리는 삶이라는 비상사태를 정상 상태로 알고 살아간다. 화장실 청소를 하고 병원에 가고 장례를 치르면서, 아이들 밥을 먹이면서 살아간다.

우리의 존재가 이미 죽음의 일부라는 사실을 우리가 꼭 의식해야 하는 것일까. 한 사람의 삶이란 것이 자기 고유의 죽음의 방식을 선택하는 일에 다름 아님을, 우리가 정히 의식해야 하는 것일까. 한강의 소설은 우리 삶을 죽음의 시선으로 보게 한다. 이미 예고되어 있으나 요행히 그 실현이 연기되고 있는 죽음의 시선. 그러니 그 눈으로 보면 같은 삶이라도 달리 보이지 않을 수가 없다. 비록 그것이 정직한 운명애(amor fati)의 표현이라 해도, 한강의 문학이 불편하지 않을 수 없는 종국적 이유가 바로 그것이다. **서리북**

서영채
서울대학교 비교문학협동과정 교수. 『우정의 정원』, 『왜 읽는가』, 『풍경이 온다』, 『죄의식과 부끄러움』, 『인문학 개념정원』, 『문학의 윤리』, 『아첨의 영웅주의』, 『사랑의 문법』, 『소설의 운명』 등의 책을 썼다.

📖 **한강에게 국제적 명성을 안겨 준 책이다. 몸과 마음, 죽음과 삶의 겹침이 선연하다.**

"내가 믿는 건 내 가슴뿐이야. 난 내 젖가슴이 좋아.
젖가슴으론 아무것도 죽일 수 없으니까."
— 책 속에서

『채식주의자』
한강 지음
창비, 2007

📖 **현재 한강의 대표작으로 꼽힐 만한 책이다. 문학의 윤리가 어떻게 문학의 정치가 될 수 있는지를 보여 준다.**

"네가 죽은 뒤 장례식을 치르지 못해, 내 삶이 장례식이
되었다.
네가 방수 모포에 싸여 청소차에 실려간 뒤에.
용서할 수 없는 물줄기가 번쩍이며 분수대에서 뿜어져나온
뒤에.
어디서나 사원의 불빛이 타고 있었다.
봄에 피는 꽃들 속에, 눈송이들 속에. 날마다 찾아오는 저녁들
속에. 다 쓴 음료수 병에 네가 꽂은 양초 불꽃들이."
— 책 속에서

『소년이 온다』
한강 지음
창비, 2014

인간이 바꾼 전쟁, 전쟁이 바꾼 역사

전쟁은
인간에게
무엇인가

마거릿 맥밀런 지음 · 천태화 옮김

공존

『전쟁은 인간에게 무엇인가』
마거릿 맥밀런 지음, 천태화 옮김
공존, 2023

전쟁을 안 하면 인간이 아닌가

이석재

들어가며

평소 전쟁 걱정이 많은 편은 아니다. 세계 곳곳 크고 작은 분쟁은 항상 끊이지 않았다. 멀리 떨어진 남의 일만도 아니다. 잊을 만하면 북으로부터 미사일이 날아오른다. 실존하는 전쟁과 장차 닥칠 미래 전쟁, 수많은 자극에도 특별한 걱정은 없었다. 그런데 작년 말부터 달라졌다. 여러 요소가 결집된 효과가 아닐까.

우선 러시아-우크라이나 전쟁과 이스라엘-하마스 전쟁 여파가 아주 미약하나마 직접 전달되었다. 작게는 서유럽 항로의 변경부터 더 크게는 가자 난민을 위한 지인들의 모금 활동까지 전쟁의 소용돌이가 피부로 느껴졌다. 도널드 트럼프 미국 대통령의 당선 그리고 갈등을 주저하지 않는 미국의 대내외 정책도 한몫했다. 평화와 공동 번영이라는 가치는 내려놓고 만인 대 만인의 투쟁이라는 현실을 받아들이자는 추세가 비단 미국에서만이 아니라 전 세계로 번지는 듯했다. 연말의 어이없는 계엄 선포도 빼놓을 수 없다. 어렵게 확보한 민주 가치와 법치의 틀이 그 뿌리에서 흔들리고 뒤를 이은 극심한 정치 갈등, 도를 넘는 거짓 선동, 서울서부지방법원

2022년 4월, 우크라이나 키이우의 거리.(출처: 위키피디아)

폭력 사태까지.

　　인공지능이 인간 지능을 막 넘어서려는 지금, 우리는 춘추전국시대와 큰 차이 없이 전쟁을 일상으로 살고 있다. 자연과 우리 스스로에 대한 앎을 고려한다면 비교할 수 없이 발전했음에도 불구하고, 마차 타고 활을 쏘던 2,500여 년 전 그들과 다를 바가 없다. 우리는 왜 이러고 사는가? 전쟁이 인간에게 무엇이길래? 역사학자 마거릿 맥밀런(Margaret MacMillan)의 책 『전쟁은 인간에게 무엇인가』를 떠올린 계기이다.

본질 탐구
철학자는 사물의 본질을 탐구한다. 본질은 어떤 것이 그것이게끔 해주는 기본적인 성질이다. 본질을 탐구하는 이유는 간단하다. 본질의 규명은 이해에 핵심적이다. 특정 대상이 어떤 종류의 것인지, 또 그것이 무엇을 할 수 있고, 할 수 없는지를 알려 준다.

직각삼각형도 삼각형이고 예각삼각형도 삼각형이다. 밑변이 10센티미터일 수도 있고 110미터일 수도 있다. 각의 형태나 선분 길이에서는 자유롭다. 그러나 모든 것이 허용되는 것은 아니다. 하나의 내각이 180도를 넘을 수 없고 네 개의 선분을 가질 수 없다. 세 개의 선분으로 이루어진 다각형이라는 본질을 지켜야 하고 이러한 본질은 할 수 있는 일과 없는 일을 구분해 준다.

역사학자에게 본질에 대한 질문을 던지는 것이 공평할까? 철학의 잣대로 맥밀런의 책을 평가하고자 하는 것은 아니다. 목적은 도움에 있다. 삼각형과 달리 인간은 개념적으로 잘 정의되지 않는다. 그만큼 본질 파악도 쉽지 않다. 그런데 전쟁과 인간이 얼마나 단단하게 연결되어 있는지는 중요한 문제다. 연결의 정도를 파악하는 데 우리의 과거 행적 말고 돌아볼 것이 없다. 그래서 이를 수집, 해석하는 역사학에 의지하게 된다.

전쟁과 관련된 본질 논의는 크게 두 가지가 아닐까 싶다. 우리는 전쟁을 할 수밖에 없는가? 인간 본질에 전쟁이 포함되어 있는지 묻는 질문이다. 또 다른 질문은 전쟁의 발발 조건과 관련 있다. 모든 전쟁이 공유하고 있는, 이를테면 '탄생의 비밀'이 있는가? 전쟁이 우리 본질에 들어와 있어 영원한 평화는 불가능하다면, 가능한 한 전쟁의 빈도를 줄이는 것이 상책이다. 다행히 맥밀런은 이 질문들에 호의적이다.

전쟁은 우리에게 본질적인가?

첫 논의는 1장 '전쟁은 인간에게 무엇인가?'에서 시작된다. 인간에게 전쟁 성향이 강하다는 점은 모두 인정할 것이다. 이 성향이 얼마나 강한지, 얼마나 뿌리 깊은지가 문제이다. 맥밀런은 초두에 입장을 피력한다.

> 역사학자와 인류학자, 사회생물학자 사이에서 실로 전쟁을 방불케 하는 뜨거운 설전이 오가고 있지만, 지금까지의 증거로 볼 때 인간은 아득한 옛날부터 서로를 조직적으로 공격하는, 즉 전쟁을 벌이는 성향을 지녔다고 주장하는 쪽이 우세하다.(34쪽)

전쟁 성향이 본질적이라고까지 주장하지는 않지만 그 성향이 오래되고 강하다는 학자들 편에 선다. 우리는 궁금하다. 그렇다면 어떻게 해서 이 성향이 자리 잡았을까? 생물학적, 특히 유전적 영향이 자연스럽게 떠오른다. 맥밀런 역시 이 생각을 추적한다. 특히 "동물의 왕국에서 인간과 가장 가까운 친척인 침팬지와 보노보를 관찰하여 답을 구하려는 연구"(38쪽)에 주목한다. 우리와 DNA가 99퍼센트 겹치는 두 유인원, 곧 보다 폭력적인 침팬지와 평화를 선호하는 보노보 중 우리는 어느 쪽에 가까운가? 여기서 맥밀런은 신중하다.

> 인간은 두 사촌 중 누구를 더 닮았을까? 답은 둘 다인 듯하다. (……) 인간은 두려움을 느끼면 분명 침팬지처럼 폭력적으로 반응할 수 있다. 그런데 보노보처럼 우호적으로 교류하고 서로 협력하고 신뢰하고 이타적일 수도 있다.(40쪽)

얼핏 보면 앞선 입장과 배치되는 듯하다. 강한 전쟁 성향이 있다면 침팬지와 더 가깝다고 해야 할 것이 아닌가? 전쟁 성향이 유전적으로 결정되는 것이 아니라고 하면 모순은 해결된다. 인간은 침팬지와 보노보의 경우와 다르다. 우리의 전쟁 성향은 생물학적으로 결정되지 않는다고 맥밀런은 생각하는 듯하다.

> 진화가 인류에게 남긴 유산을 부정할 수는 없다. 인간은 충동적이고, 공포를 비롯한 감정을 느끼며, 음식과 섹스 같은 것을 필요로 하거나 갈망한다. (……) 그런데 인간은 자기 본성의 선한 천사와 악한 악마의 목소리를 구별할 수 있을 만큼 지각 있는 존재이면서 판단력도 갖추고 있다. 인간은 문화를 창조했고, 그 문화는 현재의 인간을 만들었으며 무엇이 중요한지 판단하는 데 영향을 미쳤다. 그래서 인간은 식량, 번식, 주거지 같은 생존 조건을 위해 싸울 뿐만 아니라, 기꺼이 (……) 종교나 국가 같은 추상적 대상을 위해 싸우기도 한다. 또한 명분이 아무리 중요하다고 해도 반드시 싸우는 것은 아니다. 평화로운 해결책을 모색하기도 한다. 실로 인간은 세상에서 전쟁을 완전히 없애는 것을 꿈꿔 왔으며 여전히 꿈꾸고 있다.(41쪽)

인간은 단순히 동물로 이해될 수 없는 복잡한 존재라는 생각이 묻어 나온다. 기본적인 욕구 만족을 위해 싸우기도 하지만 종교나 국가와 같은 추상적인 가치를 위해서도 목숨을 아끼지 않는다. 선과 악을 구별하며 나름의 판단을 내린다. 더욱 복잡한 것은 늘 싸우지만은 않는다는 점이다. 때로는 평화적 해결을 도모하며 심지어 영원한 평화마저 꿈꾼다. 비록 강한 전쟁 성향이 있다 한들 이를 생물학적으로 설명할 수 없는 이유이다.

그렇다고 해도 질문은 남는다. 인간의 복잡성을 인정하더라도 맥밀런은 우리에게 강한 전쟁 성향이 있다는 주장은 철회하지 않는다. 생물학적으로 설명이 안 된다면 무엇으로 설명할 수 있는가? 맥밀런은 이 시점에 인간이 이루는 사회와 그 사회가 우리에게 미친 영향으로 관심을 돌린다. 이러한 관심은 인간이 맺는 사회적, 정치적 관계를 근본적으로 다르게 이해한 두 철학자로 향한다.

루소와 홉스

장 자크 루소와 토머스 홉스의 생각은 아주 다르지만 그들은 중요한 출발점을 공유한다. 두 철학자 모두 사회가 출현하기 전 이른바 '자연 상태'의 인간을 상정하여 인간 본성을 그려 보려 한다. 이 출발점은 사소하지 않다. 인간에게 자연 상태가 과연 있었는지 자체가 논란거리이며, 자연 상태가 있었던들 그 상태가 어떠했는지 우리가 회귀해서 살펴볼 수 없기 때문이다. 그럼에도 루소와 홉스는 자연 상태를 가정하고 그때 '원초적' 인간이 어떠했는지, 특히 전쟁 성향과 관련해서 어떠했는지 서로 다른 그림을 제시했다. 두 철학자는, 맥밀런의 말을 빌리자면, 자연 상태에 기대어 "전쟁과 평화 중 어느 것이 인간의 정상 상태인지를"(42쪽) 달리 제시한다.

　루소는 『사회계약론』(1762)에서 인간에게 폭력은 본래 낯설며 사회가 타락시키기 전 우리는 대체로 평화로운 존재라 주장했다. 세상 자체가 풍족하여 여유로운 수렵 채집 생활은 화목한 삶을 가능하게 했다. 정착 그리고 농경 사회의 등장과 더불어 불평등과 위계적인 사회 질서가 나타났고 강자가 약자를 수탈하며 욕심과 폭력이 정치권력을 통해 인간사에 스며들였다는 것이다. 반면, 홉스에 따르면 자연 상태는 훨씬 척박했다. 그의 『리바이어던』(1651)에 따르면 "인간의 삶은 외롭고, 가난하고, 비참하고, 야만적이고 짧다." 이러한 척박한 환경에서 본래부터 이기적인 존재인 인간은 생존과 번영을 위해 투쟁했다. 정착과 더불어 생겨난 거대 정치권력(홉스가 리바이어던이라고 부른)은 오히려 비참하고 야만적인 상태에서 벗어날 수 있게 해주었다. 폭력을 행사하는 자에게는 채찍을, 협

력하는 자에게는 당근을 내리는 거대 정치권력은 난무하는 투쟁
과 폭력에서 일정 정도의 평화를 유지하게 해주었다.

　인간이 맺는 사회적, 정치적 관계에 대해 무척 다른 기본 그림
이다. 맥밀런은 어느 쪽으로 기울까? 그가 직접 묻고 답한다.

> 인류 역사에 대한 루소의 시각과 홉스의 시각 중 어느 쪽이 유력할
> 까? 고고학적, 역사적 증거들은 전쟁이 오랫동안 인류사에서 필수불
> 가결한[integral] 요소였다고 보는 홉스의 손을 들어주고 있다.(47쪽)

　아쉬움이 느껴지는 논리 전개이다. 홉스의 손을 들어주기에
는 논의가 좀 더 필요하다. 우리에게 주어지는 고고학적, 역사적
증거들마저 사회의 '악영향'이 미친 결과일 수 있다. 곧 루소는 자
신이 말한 자연 상태는 증거로 남아 있지 못하다고 항변할 수 있
다. 고고학적, 역사적, 인류학적 증거들에 대한 해석도 다를 수 있
다. 일례로 데이비드 그레이버와 데이비드 웬그로우의 공저 『모
든 것의 새벽: 인류의 새로운 역사(*The Dawn of Everything: A New History of
Humanity*)』(2021)와 같은 연구는 사뭇 다른 가능성을 제시한다. 모든
인류가 루소가 말한 자연 상태를 누린 것은 아니지만 역으로 모두
가 홉스적인 투쟁에 있지 않았다는 가능성을 설득력 있게 개진하
고 있다.

　무엇보다 홉스를 지지하며 전쟁이 필수불가결하다는 주장
은 너무 강하지 않은가. 그러나 맥밀런은 노련하다. 나의 비판에 대
해 다음과 같이 항변할 수 있다. 자신은 결코 우리에게 전쟁이 불
가피하다고 하지 않았다고. 그리고 비록 홉스를 지지했지만 전쟁
이 우리에게 본질적이라고 주장하지 않는다고. 나의 오해는 인용
문에서 '필수불가결한'으로 옮긴, 'integral'의 번역 탓이라고 할 수

도 있다. 이 책은 대체로 잘 번역되었지만 맥밀런의 입장에서 보면 '필수불가결하다'라는 번역은 좀 강하다. 철학자들이 좋아하는 '본질적(essential)'과 너무 가깝기 때문이다. 그보다는 '피하기 어려운' 혹은 '주요하게 등장하는' 정도가 낫다. 맥밀런은 전쟁 성향이 본질적이라기보다는 우리가 피하기 어려운, 벗어나기 힘든 것이라 얘기하고 싶은 것이다. 전쟁을 하지 않으면 인간이 아니라는 강한 주장은 피하되, 우리 내부에 아주 깊이 들어와 있는 것이 전쟁이라고 주장한다.

　　그러나 본질은 아닌, 강한 성향 정도로 전쟁 성향을 약화시킨다고 해도 나는 여전히 미련이 남는다. 맥밀런의 생각이 맞는다면, 영원한 평화를 꿈꾸는 일은 어리석다. 불가능에 수렴하기 때문이다. 그런데 과연 이 꿈은 어리석을까? 어리석은 꿈과 이루기 힘든 꿈은 다르다. 내가 프리미어리그에서 손흥민 선수와 같이 뛰겠다는 꿈은 어리석다. 불가능하기 때문이다. 그러나 40년 전 민주화에 대한 우리의 꿈은 이루기 힘든 꿈이었지만 어리석지는 않았다. 물론 어리석은 꿈이라 생각한 이들도 있었다. 그리고 이루기 쉽다고 생각한 이는 거의 없었다. 그러나 지금 민주주의를 살아가고 있지 않은가. 영원한 평화에 대한 우리의 염원 역시 이렇게 생각하고 싶다. 꿈이 없으면 만인 대 만인의 투쟁이라는 현실밖에 없다.

전쟁이 일어나는 조건

두 번째 본질 논의는 간략하게만 살펴보자. 간략할 이유가 있다. 답이 비교적 쉽게 주어지기 때문이다. 전쟁은 어떤 상황에서 일어나는가? 모든 전쟁이 공유하는, 이를테면 '탄생의 비밀'이 있는가? 맥밀런은 제2장 '왜, 무엇을 위해 전쟁하는가?'에서 이 질문을 다루고 있다. 우리가 짐작할 수 있는 여러 이유와 동기가 등장한다.

전쟁의 원인은 터무니없거나 하찮아 보일 수 있다. 그러나 그 원인의
이면에는 대개 커다란 갈등과 긴장이 있다.(75쪽)

반복해서 나타나는 특정한 동기들이 있다. 탐욕, 자기방어[자위], 감
정, 이념이다.(82쪽)

역사를 통틀어 대규모 전쟁의 한복판에는 이상을 추구하는 것이든,
구세주를 좇는 것이든, 사악하거나 그냥 미친 것이든, 늘 이데올로기
가 있었다.(91쪽)

조금 더 특별한 상황도 있다. 신흥 강국과 그 부상에 위협을
느낀 기존 강국이 벌이는 전쟁, 미국의 정치학자 그레이엄 앨리슨
이 이름을 붙인 이른바 '투키디데스의 덫'(87쪽)도 주목할 만하다.
아테네의 부상에 위협을 느낀 스파르타는 전쟁을 벌이지 않을 수
없었다는 투키디데스의 진단이 중국과 미국 간의 갈등에도 적용
이 될까? 이는 한반도의 우리에게 지대한 영향을 미칠 사안이다.
　　투키디데스의 분석이 맞는다고 해도, 현 상황이 과거 아테네
와 스파르타의 상황과 유사한지가 관건이다. 원리의 적용은 이래
서 어렵다. 과연 중국이 그 당시 아테네만큼 위협적인지, 미국이 그
때 스파르타만큼 위협을 느끼는지, 판단이 어렵다. 그런 점에서 모
든 전쟁에 적용되는 발발의 본질적 조건이 있다 한들, 그 조건이
현재 발현되고 있느냐를 아는 것이 더 중요할 수 있다.
　　적용 문제는 제쳐 두고 탐구 차원으로 돌아가자. 모든 전쟁을
관통하는 본질적 징표가 있는가? 노련한 역사학자답게 맥밀런은
무리하지 않는다. 여러 전쟁이 서로 유사한 점은 많지만 모두가 공
유하는 발발의 조건을 명시하지 않는다. 각 가족 내의 구성원은 묘

하게 서로 닮았지만 모든 가족들이 서로 닮은 것은 아니라는 루트비히 비트겐슈타인의 통찰이 떠오른다.

끝으로 두 번째 본질 논의가 첫 번째 논의에도 영향을 미칠 수 있음을 인정한다. 발발의 조건이 일정하지 않고 전쟁을 부르는 상황이 변화무쌍하게 등장하기에 영원한 평화는 요원하다는 지적이 가능하다. 맥밀런도 이런 맥락에서 1차 세계대전 직전에 유럽에서 영구 평화에 대한 희망이 가장 컸다는 역설적인 상황을 재치 있게 제시하고 있다.

> 1914년에 1차 세계대전이 일어나기 전까지 많은 유럽인들은 전쟁이란 덜 문명화된 사람들이나 벌이는 구태의연한 짓이라고 생각했다. 오스트리아 출신 작가 슈테판 츠바이크(1881-1942)는 어린 시절을 이렇게 회상했다.
> "사람들은 유령이나 마녀를 더 이상 믿지 않는 것과 마찬가지로, 유럽 국가들 사이에 야만적인 전쟁이 재발할 가능성도 믿지 않았다."(395-396쪽)

그럼에도 불구하고 영원한 평화에 대한 염원이 어리석다고 인정하고 싶지 않다. 인간 지능을 인간 외의 다른 주체에서 구현할 수 없다는 의견이 얼마나 압도적으로 지배적이었던가. 전쟁이 인간 본질의 일부라는 사실이 확립되기 전까지 영원한 평화의 가능성은 남아 있다.

미안함과 아쉬움

서평에서 철학자에게 재미있는 내용만 다루었다는 미안함이 든다. 맥밀런의 책에는 전쟁과 관련하여 다양하고 흥미로운 내용이 많다. 알지 못했던 세밀한 사실들과 전쟁이 가져다준 예기치 못한 긍정적인 변화들에 대한 통찰 역시 등장하여 흥미를 돋운다. 일례로 알프레드 노벨에게 결정적인 영향력을 발휘하여 노벨 평화상을 제정하게끔 한 평화주의자 베르타 폰 주트너가 이후 "염치없이 로비"(360쪽)하여 본인이 평화상을 수상했다고 한다. 평화에 대한 갈망과 수상에 대한 갈망이 꼭 같이 갈 필요는 없지 않은가.

　　세부 내용과 관련한 아쉬움도 몇 가지 있다. 하나는 동양이나 아시아의 사례들이 상대적으로 적다는 점이다. 물론 이를 심하게 탓할 수는 없다. 동서양을 함께 아우르기는 무척 힘들다. 조금 더 큰 아쉬움은 제9장 '전쟁을 어떻게 표현하고 기억하는가?'에 있다. 이 장은 조금 엉뚱하며 책의 다른 부분들과 유기적으로 연결되어 있지 못하다는 느낌이다. 다음을 보자.

　　어떤 전쟁은 다른 전쟁보다 더 나은 예술 작품을 더 많이 나타나게 한다. 1차 세계대전은 훌륭한 회화와 음악 작품만큼이나 탁월한 소설과 시를 여러 언어권에 걸쳐 등장시켰다. 하지만 2차 세계대전은 그것들에 필적하는 작품을 낳지 못했다.(414-416쪽)

　　1차 세계대전이 훌륭한 예술 작품이 더 많이 나오게끔 했다는 사실에 우리가 굳이 관심을 가져야 할까? 잘 모르겠다. 애써 파악해 보자면, 맥밀런은 인간의 예술적 능력과 뒤섞이며 영향을 주고받을 정도로 전쟁은 우리와 가깝다는 것을 표현하려고 했는지 모르겠다.

나가며
서평을 마치며 제목의 번역을 살펴보자. 원제는 '전쟁: 갈등은 우

리를 어떻게 빚었는가?'(War: How Conflict Shaped Us)'이다. 한국어판 제
목과 사뭇 다르다. 우리말 제목이 더 좋다고 생각하는 흔치 않은
경우이다. 원제에는 맥밀런의 생각이 잘 반영되어 있다. 근본적이
고 강한 성향으로 내재되어 있는 전쟁이 우리와 우리 삶에 미친 영
향을 살피겠다는 책의 목적이 압축되어 있다.

그러나 나는 전쟁 성향이 우리 본성과 이렇게 가까이 위치하
고 있다고 말하는 것이 불편하다. 맥밀런이 생각하는 전쟁 성향에
따르면, 우리가 인류인 한 우리는 계속 전쟁에 의해 성형되는 궤적
을 유지할 것이다. 그런데 성형되지 않는 시점도 와야 할 것이 아
닌가? 이 점에서 우리말 제목이 더 마음에 든다. 전쟁이 우리에게
무엇이길래 우리가 이러고 사는가라는 물음은 앞으로 전쟁과는
멀어지자는 다짐과 희망의 공간을 열어 놓는다. **서리북**

이석재
본지 편집위원. 서울대학교에서 철학을 가르치며 서양 근대 철학사를 주로 연구해 왔다. 전각, 농사,
그리고 음식에 관심이 많고, 요즘에는 철학 일반을 소개하는 책을 마무리 짓고 있다. 글이 잘 안 써질
때는 낙관을 새기다 음식도 만들고 텃밭의 잡초를 뽑는다.

📖 초기 인류 사회에 대한 새로운 이해를 시도하는 책이다. 저자들은 불평등, 정치, 문명의 기원을 재해석하며, 초기 인류가 모두 일정한 경로를 거쳐 계급 사회로 진행되었다는 입장을 거부한다. 또한 많은 초기 사회가 다양하고 실험적인 형태를 띠고 있으며 이들의 유럽 사회 비판이 루소와 같은 사상가들에게 영향을 미쳤다고 주장한다.

"우리는 중요 계몽주의 사상가들이 이상으로 삼은 개인의 자유와 정치적 평등이 아메리카 원주민의 사상과 사례에서 영감을 받았으리라는 학자들의 추측이 나름 근거가 있다고 제안할 것이다. 그 근거는 다름이 아니라 실제로 영감을 주었다는 사실이다."

— 책 속에서

『모든 것의 새벽: 인류의 새로운 역사(*The Dawn of Everything: A New History of Humanity*)』
데이비드 그레이버·
데이비드 웬그로우 지음
파라, 스트라우스 앤 지루,
2021, 국내 미출간

📖 1636년 병자호란을 청 태종 홍타이지의 시각에서 재조명한 역사서로 아시아에서의 전쟁 사례를 자세히 살펴볼 수 있는 좋은 사례이다. 이 책은 만주어와 한문 사료, 조선의 관찬 및 사찬 자료를 종합적으로 분석하여, 기존의 조선 중심의 서술에서 벗어나 우리 역사 이해의 지평을 넓혀 주는 동시에 병자호란이 의외로 일찍 끝난 이유에 관해 기발한 해석을 제시하고 있다.

"병자호란은 분명 조선과 청나라가 서로 싸운 전쟁이었으므로 '조선의 전쟁'인 동시에 '청의 전쟁'이기도 했다. 따라서 병자호란이라는 전쟁의 실상을 온전하게 규명하려면 '청의 전쟁'이라는 시각에서의 접근도 당연히 필요하다. 이러한 인식에서 이 책은 '조선의 전쟁'이라는 측면뿐 아니라 '청의 전쟁'이라는 측면까지 조명하고자 한다." — 책 속에서

『병자호란, 홍타이지의 전쟁』
구범진 지음
까치, 2019

사고는 없다

교통사고에서
재난 참사까지,
무너진 시스템을
어떻게
복원할 것인가

제시 싱어 지음
김승진 옮김

THERE
NO ACCIDENTS
ARE

위즈덤하우스

『사고는 없다』
제시 싱어 지음, 김승진 옮김
위즈덤하우스, 2024

그 어떤 작은 '사고'도 시스템의 문제다:
안전한 세상을 바라는 이들이 가져야 할 관점

박상은

2024년 11월 8일, 김제시에 있는 한 특장차 생산업체에서 서른두 살의 노동자 강태완 씨가 산재로 사망했다. 강태완 씨는 아직 개발 중이던 텔레핸들러(고소작업차와 지게차의 기능이 결합된 장비) 차량 테스트를 하던 중 사고를 당했는데, 리모컨이 말을 듣지 않아 테스트 차량이 맞은편에 서 있던 중장비와 충돌할 것 같자 몸으로 차량을 막으려 하다 사이에 끼었다. 회사는 재해 발생 원인을 "(고인이) 리모컨 조작으로 주행체를 방향 전환 또는 정차시키지 않고 몸으로 막음"이라고 적었다.*

　강태완 씨가 리모컨 조작에 실패했을 때 텔레핸들러와 중장비의 충돌을 자신의 몸으로 막으려 하지 않고 보고만 있었다면, 그는 살았을 것이다. 강태완 씨의 행동을 문제의 중심에 두면 우리는 '그가 왜 그랬을까' 혹은 '왜 그럴 수밖에 없었을까'라는 생각의 굴레에서만 맴돌게 된다. 그러나 그의 행동에 집중하지 않으면 다음

---

* 이문영, 「곳곳에 위험 깔아놓고 '죽은 강태완 씨 탓'… 회사는 사과를 거부했다」,《한겨레》, 2024년 11월 28일 자, https://www.hani.co.kr/arti/society/rights/1169800.html.

과 같은 조건이 보인다. 언론 보도에 따르면 해당 차량은 개발 단계가 50퍼센트에도 이르지 못했고, 브레이크 기능도 없었다. 텔레핸들러의 통신 단락 현상이 종종 발생한 것으로 보이지만, 회사는 경사로를 방치했고 맞은편에 있던 중장비들도 이동 배치하지 않았다. 브레이크 기능도 없이, 리모컨 조작이 종종 실패하는, 경사로에 위치한 10톤짜리 차량. 사고는 언제든 발생할 수 있었다.

과실과 조건

산재가 발생하면 회사는 백이면 백 그 사고가 안전 수칙을 지키지 않은 노동자의 탓이라고 말한다. 그러나 위에 언급한 것처럼 사고의 가능성을 내재한 위험한 환경이 사고를 낳는다. 제시 싱어(Jessie Singer)의 『사고는 없다』는 그 어떤 작은 '사고'로 보이는 사건조차 환경, 즉 위험한 조건을 변화시킴으로써 예방할 수 있다고 주장하는 책이다. 『사고는 없다』에 따르면 "어떤 환경이었건 간에 우리는 늘 인적 과실을 찾을 수 있다."(77쪽) 그러나 모든 과실은 "환경, 즉 (때로는 모호하고 때로는 터무니없이 노골적인) 위험한 조건의 문제로 언제나 귀인 가능하다".(32쪽)

　노동자의 과실이 아니라 위험한 조건을 변화시켜야 산재 예방이 가능하다는 것은 오래된 지식이다. 싱어는 1910년에 노동자 사망 원인을 체계적으로 조사한 크리스털 이스트먼의 연구를 소개한다. 미국 노동자 사고사에 관한 이 최초의 사회학적 연구에서, 이스트먼은 "사고를 발생하게 한, 예방 가능했던 주요 조건들"을 밝혀냈다. "안전한 일터를 만들지 못한 것", "장시간 근무를 요구한 것", "너무 빠른 속도로 일하게 만든 것"(86쪽)이 그것이다.

　그런데 왜 100여 년이 훌쩍 지난 지금도 과실과 조건 중 무엇이 원인인지 논쟁이 되고, 계속해서 노동자 과실이 강조될까? 싱어

저자는 사고의 원인이 인적 과실인가, 위험한 조건인가에 대한 답을 결정하는 것은 상당 부분 권력의 문제라고 지적한다.(출처: freerangestock.com)

는 사고 원인이 인적 과실인지 아니면 위험한 조건인지를 묻는 질문의 답을 결정하는 것은 상당 부분 누가 권력을 가지고 있는지에 달려 있다고 지적한다.

　　노동자는 일하면서 다치지 않아야 하지만, 동시에 해고되지도 않아야 한다. 상이한 두 목적 사이에서 자신의 행동과 선택을 타협해야 한다. 건설 경기 불황으로 일거리 자체가 줄어들고 있는데, 건설 노동자 개인이 이 작업장에는 추락 방지망이 없으니 일할 수 없다고 결정하거나, 회사에 추락 방지망을 설치해 달라고 요구할 수 있을까? 이윤 극대화를 추구하는 경영진에 맞서 "노동자들의 안전을 지켜줄 길항 권력이 없을 경우에 사고는 반드시 일어나게 되어 있다."(56쪽) 노동자 개인이 안전한 일터를 요구하거나 선택하지 못하는 것은 길항 권력의 부족 때문이지만, 사고가 발생하면 해당 노동자는 자발적으로 위험을 수용하고 감수한 것처럼 되어 버린다. 경영진의 비대한 권력, 노동자의 권력 부족이 우리가 아직도 과실과 조건 사이에서 무엇이 진정한 사고의 원인인지 따지고 있는 이유이다.

사고사율을 높이는 시스템: 낙인, 인종주의, 인프라 예산

사고의 조건에 주목한다는 것은 사고를 내재한 시스템의 문제에 초점을 맞춘다는 것이다. 『사고는 없다』는 규모가 큰 사고(재난) 외에도 모든 사고가 시스템적이며, 이 '시스템'을 특정 기술 시스템을 넘어 훨씬 더 넓게 확장해서 생각해 볼 수 있다고 본다. 저자가 보기에는 인종주의, 낙인찍기, 연방 인프라 예산도 시스템이다. 총 열 개의 장으로 구성된 책에서 저자는 '낙인', '인종주의', '돈'이라는 키워드에 각각 한 장씩 배정해 각각의 시스템이 사망을 불평등하게 야기하는 방식을 드러낸다. 낙인을 다루는 5장에서 주로 언급되는 사고는 약물 과용이다. 보통 약물 과용 사고는 나쁜 사람들의 범죄 과정에서 일어난다고 생각하지만, 이 책에 따르면 제약 회사들이 중독성 있는 약물을 적극적으로 팔거나 노동자의 의료 접근성이 부족한 데서 비롯된다. 또한 약물 중독에 대한 낙인은 그 자체로 사고사 위험을 높이는데, 누군가 의도치 않게 약물 과용을 했다는 사실을 알더라도 신고를 꺼리게 하기 때문이다. 인종주의를 다루는 6장에서는 미국에서 흑인과 라티노들의 산재 사망률이 백인보다 높다는 점, 위험한 시설 대부분이 유색 인종 거주지와 가까이 있다는 점을 짚는다. 7장 '돈'에서는 미국의 저소득 지역의 인프라 부족이 사고사율을 높인다는 점을 드러낸다.

　　낙인, 인종주의, 지역 간 인프라 격차가 사고사율을 높인다는 이야기는 이해하기 어렵지 않지만 한국 상황과는 다르다고 느낄 수 있다. 그러나 세 문제 모두 이미 조금은 다른 모습으로 한국에도 도래해 있다. 한국은 약물 중독 문제에 치료가 아니라 처벌로 접근하는 대표적 국가다. 도로나 다리 등의 건조 환경의 지역 격차는 아직 큰 문제는 아니지만, 의료 인프라의 격차는 매우 심각해 같은 사고를 어디에서 당하느냐에 따라 생존 확률이 달라진다. 인종주의는 '위험의 이주화'로 드러나고 있다. 중국 동포가 다수 희생된 아리셀 화재나 설 연휴 석재 공장에서 홀로 일하다 사망한 스물두 살의 우즈베키스탄 노동자의 사망을 떠올려 보라.

여기서 강태완 씨의 이야기를 다시 해야 한다. 그는 타이왕이라는 또 하나의 이름을 가진, 몽골 국적의 청년이었다. 타이왕은 여섯 살에 한국에 들어와 미등록 이주 아동으로 자랐다. 초중고를 한국에서 졸업했고, 몽골어는 거의 하지 못했지만 한국은 그에게 합법적인 체류 자격을 주지 않았다. 그는 2021년 몽골로 출국했고 한국의 2년제 대학에 합격해 유학 비자를 받아 다시 입국했다. 한국에서 줄곧 머물던 군포와 멀리 떨어진 김제의 회사에 취업한 이유는, '지정된 인구 감소 지역에서 5년 이상 거주'하면 곧바로 거주비자를 주는 '지역특화형 비자'를 얻기 위함이었다. 그의 국적과 불안정한 체류 자격이 그를 그 자리에 있게 했다. 그가 왜 리모컨 조작이 실패하자 텔레핸들러와 중장비의 충돌을 몸으로 직접 막으려 했는지는 영원히 알 수도 없고, 중요하지도 않다. 그러나 그의 행동과 그가 맞닥뜨린 비극은 그의 불안정한 신분과 분명히 연결돼 있다.

비난은 예방을 가로막는다

책의 마지막 세 장에서 저자는 사고가 일어난 후 과실을 탓하는 것이 아니라 조건을 바꾸기 위해 필요한 관점과 방법을 논한다. 첫번째 단계는 '비난하기'로부터 '환경을 보는 것'으로 태도와 관점

저자는 작은 규모의 사고라도 그 조건, 즉 사고를 내재한 시스템의 문제에 초점을 맞춘다.
(출처: iStock)

을 바꾸는 것이다. 8장 '비난'에서 저자가 든 사례 중 하나를 살펴
보자. 싱글맘 라켈 넬슨은 세 아이와 버스에서 내려 길을 건너다,
뺑소니 사고로 한 아이를 잃었다. 그녀는 자동차를 살 돈이 없어
버스를 타고 다녔고, 그녀가 사는 아파트는 버스 정류장에서 4차
선 도로를 건너면 바로였지만 가장 가까운 횡단보도는 20분을 내
려갔다 돌아와야 했다. 이 아파트 주민들은 대체로 멀리 돌아가지
않고 집 앞에서 바로 길을 건넜고 그녀 역시 마찬가지였다. 그렇
게 길을 건너던 도중, 부분적 시각 장애가 있고, 술을 마셨으며, 뺑
소니 전력이 있던 제리 가이의 차가 넬슨의 아이를 쳤다. 법정에서
제리 가이는 2년 형을 선고받았으나 실제로는 6개월만 옥살이를
했다. 넬슨 역시 기소되었는데, 무단 횡단을 했기 때문에 그녀 역시
아들의 죽음에 책임이 있다는 이유였다.

　이 사례를 읽으면 누구나 제리 가이에 대한 가벼운 처벌에 분

노하고, 넬슨에게도 책임을 물은 데 대해 부당함을 느낄 것이다. 저자 역시 제리 가이에 대한 형사 기소는 합리적인 비난, 라켈 넬슨에 대한 형사 기소는 불합리한 비난이라고 말한다. 그러나 그녀는 이 두 비난 모두 사고가 다시 벌어지는 것을 막지는 못한다고 단호하게 주장한다. 둘 중 어떤 비난도 사고를 일으킨 위험한 조건을 다루지 않기 때문이다. 이 사례에서 위험한 조건은 보행자가 많이 다니는 도로에 횡단보도가 없었다는 점이다. '합리적인 비난'도 예방으로 연결되지는 않는다는 것, 이것이 『사고는 없다』가 계속해서 강조하는 주장 중 하나다.

　누군가를 비난하고 처벌하는 것은 시스템적 문제를 덜 보게 만든다. 보통 공식 조사는 누군가 잘못했다는 가정에서 시작하는데, 만약 조사가 사고를 둘러싼 환경이 문제였다는 가정에서 시작하면, 현 질서를 위협할 수도 있다. 따라서 권력자들은 특정인을 비난하는 방식으로 사고 원인 프레임을 짠다. 저자는 책의 초반부터 줄곧 권력이 비난을 피해자나 시스템의 말단에 있는 노동자에게 향하도록 한다고 비판한다. 그러나 시스템의 복잡성에 직면할 때, 고통을 쉽게 설명하고자 하는 열망은 누구에게나 있다.

　이 책의 아쉬운 점은 책임의 구조를 단순화하고 도식화해 파악하는 경향이다. 한 번에 한두 명이 사망하는 사고의 경우 '나쁜 노동자 대 젖은 바닥', '무모한 운전자 대 자동차 설계'와 같은 양자 구도로 과실과 조건을 도식화하기 쉽다. 그러나 세월호 참사나 제주항공 여객기 참사와 같은 대규모 기술재난의 경우 종종 기업/정부와 같은 권력 기관, 운용자(노동자), 비운용자(승객, 시민) 간의 삼각 구도를 이루는 것으로 보인다. 이때 운용자(노동자)는 정해진 의무를 다하지 않아 시민을 죽게 만든 가해자가 되기도 하고, 최선을 다해 사고를 피하고자 했지만 희생된 피해자가 되기도 한다. 『사고는 없다』의 조언대로라면, 세월호 참사에서 "가만히 있으라"
는 방송을 한 선원을 비난하고 처벌하기보다, 구명조끼를 선내에
서 입지 않고 갑판에서 탈출을 대기하면서 입도록 갑판에 구명조
끼를 두는 것이 다음 사고를 예방하는 데 도움이 된다(실제로 이렇게
제도가 변화했다). 저자가 지적하듯이 '예방'이라는 단어는 사람에 따
라 매우 상이한 의미들로 쓰이며, 어떤 이들에게는 처벌이 예방이
다.(300쪽) 비난하기와 처벌이 오히려 예방을 방해한다는 점을 재난
의 책임 구조에서도 설득할 수 있는가. 대형 참사를 반복적으로 겪
고 있는 한국 사회가 안고 있는 과제다.

'사고'를 사고로 다루지 않는다는 것

『사고는 없다』는 보잉 737 맥스 추락* 등 규제 실패로 인한 대규모
사고에 대해서도 언급하지만, 책의 대부분은 아주 작은 규모의 사
고들을 다루고 있다. 저자는 사회적 주목을 받지 못하는, 한 번에
한 명씩 사망하는 사고에 시선을 돌려야 한다고 여러 차례 강조한
다. 세월호 참사 이후 '교통사고'와 '사회적 참사'를 분리해 최소한
후자의 경우 구조적 원인을 밝혀야 한다는 주장이 공감을 얻고, 산

---

* 보잉 737 맥스는 보잉 사가 구형 737을 재설계한 기종으로, 2017년 미국 연방항공
청의 승인을 얻어 상업 운항을 시작했다. 보잉은 기체의 공기역학을 약화한 설계의 약
점을 보완하기 위해 MCAS라는 소프트웨어를 추가했는데, 이는 비행기의 기수가 올
라갈 경우 조종사의 입력 없이도 자동으로 기수를 아래로 내리도록 하는 프로그램이었
다. MCAS는 기체 앞에 부착된 센서를 통해 작동했는데 이 센서에 오류가 발생해 오작
동을 일으킬 경우 치명적인 사고가 발생할 수 있었다. 그러나 보잉은 오류 발생 시 조종
사들이 이를 잘 해결할 것이라 가정한 채로 조종사 매뉴얼에 MCAS에 대한 언급을 삭
제했다. MCAS의 오작동으로 2018년 10월 라이온 에어 610편과 2019년 3월 에티
오피아 항공 302편이 추락해 두 항공기의 탑승자 전원이 사망한 이후에야 보잉 737
맥스의 설계 문제와 규제 실패가 드러났다. 관련해 〈다운폴: 더 보잉 케이스〉라는 다큐
멘터리가 넷플릭스에 공개되어 있다.

2024년 12월 29일 발생한 제주항공 여객기 참사 희생자 합동분향소.(출처: 무안군)

재 사망 사고에 대한 높은 사회적 관심 속에 중대재해처벌법이 제정된 것은 분명 한국 사회가 '사고'를 대하는 태도가 이전보다 긍정적 방향으로 전환되었다는 점을 보여 준다. 그러나 『사고는 없다』는 묻는다. 우리가 여전히 '사고'라고 생각하는 교통사고는 어째서 시스템적인 문제가 아닌가? 약물 사고는 왜 시스템적으로 파악할 수 없는가?

　　한국에서도 '사고'라는 단어를 비판적으로 바라보는 시각이 늘어났고, '사고'라는 말을 쓰지 말자는 주장도 공감대를 얻고 있다. 그러나 특정 단어를 쓰지 말자는 주장을 넘어, 위험한 조건과 환경을 변화시켜 사고를 예방하려는 관점과 방법은 여전히 미흡해 보인다. 위험한 조건, 즉 시스템 문제를 포함하는 원인 규명에는 오랜 시간과 노력, 숙고가 필요하다. 그러나 빠르게 원인을 찾고, 빠르게 대책을 내려는 경향이 사회 전반에 여전하다. 제주항공 여객기 참사 직후에도 여러 언론과 개인 SNS에는 성급하게 원인을 특정하는 발화가 적지 않았다. 기체 결함도, 정비 미흡도, 공항의 위치도, 로컬라이저가 서 있던 둔덕도 모두 합리적인 추론이지만 우리는 아직 원인을 모른다. 조사의 결론을 기다려야 한다.

싱어는 결론에서 이렇게 말한다. "우리는 '사고'라는 말을 그만 쓸 수 있고 그렇게 해야 한다. 하지만 그 말을 안 쓰는 것보다 훨씬 더 중요한 것은 (……) 비난하기와 관심 돌리기에 주목하는 것이다. 그래, '사고'라고 말하지 말자. 하지만 그와 동시에 (……) 다음과 같은 질문을 하는 계기로 삼자. 어떻게 된 것인가? 왜 그런 것인가? 전에도 그런 일이 있었나? 또 그런 일이 일어날 것인가?"(375쪽) 싱어가 제시한 이 질문들을 붙잡고, 공식 조사보고서가 나올 때까지 우리의 관심과 고민을 유지하고, 성급하고 형식적인 대책에 대한 비판적 관점을 가져야 한다. 한국에서는 왜 이렇게 참사가 반복되는가? 참사가 일어날 때마다 수없이 제기되는 질문이다. 싱어의 책이 답을 줄 것이다. '우리가 비난하기와 책임자 찾기에만 열을 올리고 한 번도 환경을 변화시킬 대책을 제대로 추진하지 못했기 때문이다.' 서리북

박상은
사회학과 과학기술학 전통에서 재난을 연구한다. 일주일에 절반은 플랫폼C 활동가로, 나머지 절반은 사회학 연구자로 산다. 「세월호, 우리가 묻지 못한 것」, 「산재사망의 관례화에서 범죄화로」 등 재난과 노동안전에 대한 책과 논문을 썼다.

📖 『사고는 없다』에서 소략하게 다루는 대규모 재난의
이야기를 좀 더 읽고 싶다면 이 책을 추천한다.
'기술재난'이라는 틀로 재난을 주목함으로써, 자연재난과
사회재난이라는 법적 구분에서는 볼 수 없는 재난의 특징을
드러내고자 하는 책이다. 재난을 설명하는 이론부터 여러
재난 사례를 망라하고 있다.

"많은 기술재난은 기술 시스템이 가진 구조적 문제와 인적
오류가 결합해 발생하는 것이다. 구조적 문제를 해결하지
않고 책임자 처벌에만 만족한다면 비슷한 재난이 다른
곳에서 또 발생할 수 있다." — 책 속에서

『우리는 재난을 모른다』
홍성욱 지음
동아시아, 2024

📖 젠더 편향적인 일터가 여성 노동자의 건강에 어떤 영향을
미치는지를 알고 싶다면 이 책을 추천한다. 오랫동안
노동조합과 여성단체와 더불어 작업장을 변화시키려는
연구와 활동을 해온 저자가 자신의 실패와 성공을 성찰하는
과정을 통해 산업재해를 야기하는 젠더 시스템을 더 폭넓게
파악할 수 있다.

"여성 노동자들은 남성 노동자들보다 직업성 근골격계
질환을 더 많이 앓고, 이는 공장에서의 극심한 반복 작업처럼
수작업을 하는 여성들에서 특히 더 그렇다."
"쉴 틈 없이 과로하던 끝없는 날들은 상과염, 어깨건염,
손목터널증후군을 불러왔다. 하지만 그들의 일은 이웃과
가족, 심지어 자신들에게조차 위험하게 여겨지지 않았다."
— 책 속에서

『일그러진 몸』
캐런 메싱 지음
김인아·류한소·박민영·
유청희 옮김
나름북스, 2022

일본의 30년 경험에서 무엇을 배울 것인가

초호황에서
버블 붕괴
금융위기
슈퍼 엔고
고령화에
인구 감소까지

시라카와 마사아키 지음 | 박기영, 민지연 옮김

우리는 일본의 위기와 경험을
반복하지 않을 자신이 있는가?

레지웅 도뇌르 훈장, 외교정책협회 메달 수상
2011 《블룸버그마켓》 '최고 인물 50인'
2008 《뉴스위크》 '세계 최고 인물' 6위
《아사히신문》 선정 헤이세이 시대 대표 도서 15위
미국, 일본, 중국 경제 베스트셀러

부·키

『일본의 30년 경험에서 무엇을 배울 것인가』
시라카와 마사아키 지음, 박기영·민지연 옮김
부키, 2024

저성장 초입 한국은 일본보다 나은 길을 갈 수 있을까

이상훈

막을 내리는 아베노믹스

일본은행이 2025년 1월 첫 금융정책 결정회의(한국의 통화정책방향 결정회의)에서 정책금리(기준금리)를 '0.25퍼센트 정도'에서 '0.5퍼센트 정도'로 올렸다. 금리 인상에도 일본은 여전히 세계 주요 선진국 중 유일하게 0퍼센트대 초저금리를 유지하고 있다. 하지만 '금리 있는 일본'은 이제 평범한 일본인들의 생활에서 피부로 와닿을 정도로 현실화됐다.

일본 언론들은 금리 인상 소식을 전하면서 일제히 '17년 만에 최고 수준'이라는 수식어를 붙였다. 일본 정책금리가 0.5퍼센트였던 적은 2008년 10월이 마지막이었다. 0.5퍼센트를 넘었던 건 30년 전인 1995년 9월이 마지막이었다. 무제한적 금융 완화로 대표됐던 '아베노믹스'는 이제 막을 내렸다. 일본은행이 한 번만 더 금리를 올리면 '잃어버린 30년' 이전으로 회복한다는 뜻으로도 해석할 수 있다.

요즘 도쿄를 여행하는 한국인들에게 일본의 '잃어버린 30년'에 대해 말하면 옛날이야기로 받아들인다. 백화점, 대형마트, 아웃

2024년 3월, 일본 중앙은행인 일본은행이 '마이너스 금리 종료'를 선언하면서 2012년부터 10여 년간 추진된 아베노믹스는 사실상 막을 내렸다. (출처: flickr.com)

렛 매장에 가면 일본인과 외국인(특히 한국인과 중국인)으로 발 디딜 틈이 없다. 도쿄 도심은 초고층 인텔리전스 오피스 빌딩과 수십 층짜리 아파트가 뒤엉켜 서울보다 최소 10-20층은 높은, 화려한 스카이라인을 볼 수 있다.

그렇다면 '초저금리' 아베노믹스는 일본 경제를 살리는 데 성공한 것일까. 돈을 풀어 경제가 살아났으니 일본 경제의 기초 체력과 잠재성장률도 그만큼 올랐을까. 일본이 이렇게 해서 성공했다면 저성장 초입에 들어서는 한국도 일본과 같은 방식을 택하면 되는 것일까. 『일본의 30년 경험에서 무엇을 배울 것인가』를 쓴 전 일본은행 총재 시라카와 마사아키(白川方明)는 이런 질문에 고개를 가로저으며 부정한다.

40년 중앙은행가의 일본 경제 회고

제30대 일본은행 총재(2008-2014)를 역임한 시라카와는 1972년 일본은행에 입행해 40년 가까이 일본은행 주요 보직을 거친 정통 중앙은행가이다. 그가 일본은행에서 본격적으로 통화 금융 정책에 관여하기 시작한 1980년대는 일본이 역사상 유례를 찾기 드물 정도로 큰 거품경제에 진입했을 때다. 1989년 12월 마지막 증시 거래일, 닛케이 평균 주가는 3만 8,915엔으로 4년 만에 3배 이상으로 급등하며 사상 최고치를 기록했다(이 기록은 35년 만인 2024년 2월에야 경신됐다). 1990년대 초부터 이상 징후가 나타나기 시작한 일본 경제는 당국이 무분별한 대출에 제동을 걸기 시작하면서 거품이 꺼지기 시작한다. 1995년 옴진리교의 도쿄 지하철 사린가스 테러, 한신·아와지 대지진 등으로 사회 분위기마저 흉흉해졌다. 1998년 일본 4대 증권사였던 야마이치증권과 최대 지방은행 홋카이도다쿠쇼쿠은행의 연이은 파산은 일본 경제가 빠졌던 끝 모를 수렁을 보여 주는 대표적 사례다.

당시 일본은행은 일본 안팎에서 '한 박자 느린 정책', '지나치게 신중한 태도'로 비판을 받아 왔다. 버블이 정점에 오르던 1988년까지 2퍼센트 저금리를 유지하다가 2년 새 6퍼센트로 올렸다. 이후 거품이 꺼지면서 경제가 큰 타격을 받자 이번에는 4년 만에 1.75퍼센트로 내렸다. 온수와 냉수를 번갈아 가며 트는 '샤워실의 바보'가 타이밍마저 못 맞췄으니 안팎의 비판은 어쩌면 당연한 것이었다.

거시적으로, 결과론적으로 쉽게 내릴 수 있는 비판에 시라카와는 이 책을 통해 반론한다. 시라카와는 "적극적인 통화 완화가 버블 붕괴에 따른 저성장을 막을 수 있었다는 주장에는 동의할 수 없었다"(181쪽)고 말한다. 이는 돈을 푸는 것만으로는 경제 체질을 강화할 수 없다는 상식에 기반한다. "일본은행 정책위원회 위원들 사이에서는 규제 완화와 같은 구조 개혁 정책이 일본에 필수적이

일본은행 도쿄 본점.(출처: 위키피디아)

며, 구조 개혁 없이는 일본 경제가 지속 가능한 성장 경로로 복귀
하는 것이 어렵다는 데 폭넓은 공감대가 형성되어 있었다"(167쪽)
라는 시라카와의 회고는 굳이 일본이 아니더라도 한국에서도 많
은 경제학자들과 언론이 한국 경제에 대해 지적하는 부분과 일치
한다.

근본적 개혁 외면해 마주한 잃어버린 30년
그렇다면 일본은 왜 경제 체질 강화 대신 무제한적 양적 완화를 앞
세운 아베노믹스로 질주했을까. 시라카와는 2001년 일본 정부의
디플레이션 선언에서 직접적 시작점을 찾았다. 당시 일본 내각부
가 발표한 「월례 경제 보고(月例経済報告)」에는 "일본 경제가 가벼운
디플레이션에 빠져 있다"고 적시되어 있다. 보고서가 촉발한 논쟁
에 대해 시라카와는 "디플레이션이라는 단어는 1930년대 대공황
과 관련된 공포감을 불러일으켰고, 이는 디플레이션이 어떤 대가
를 치르더라도 피해야 할 것이라는 인상을 심어주었다"(143쪽)라고

지적했다.

디플레이션 논쟁에 불이 붙던 2000년대, 일본 경제는 버블 붕괴 때와는 또 다른 도전에 직면했다. 일본 인구는 2008년 1억 2,800만 명으로 정점을 찍은 뒤 감소하기 시작했다. 15-64세 생산 가능인구는 그보다 앞선 1995년(8,730만 명)을 정점으로 줄어들면서 본격적인 저출산 고령화 문제에 맞닥뜨린다. 과거 일본이 구가했던 고도 경제 성장의 배턴을 한국과 중국이 이어받으면서 일본의 수출 경쟁력은 하락했다. 처음에는 가격 경쟁력 약화로 시작됐지만, 갈수록 기술력도 따라잡혔다. 특히 중국의 무서운 성장세에 이제 일본은 최대 수출 분야인 자동차 분야조차 안방이나 다름없던 동남아시아 등에서 하루가 다르게 밀리고 있다.

시라카와는 "총재 재임 기간 동안 나는 국회 출석, 기자 회견, 연설 등 모든 기회를 활용해 일본 경제의 발목을 잡는 근본 요인을 파악하고 이에 대응하는 적절한 정책을 채택하는 것이 중요하다는 점을 강조했다"(299쪽)라고 주장한다. 하지만 이미 거품경제 및 아시아 금융위기 대응에서 부족함을 드러냈던 일본은행의 이런 입장은 일본 사회의 신뢰를 얻기에 부족했다. 여기에 2008년 리먼 브러더스 사태, 남유럽 재정위기를 겪으며 일본은 주요 선진국 중 가장 큰 실물 경기 침체에 빠졌다. 여기에 2011년 동일본 대지진까지 덮쳤다.

경제 체질의 약화, 외부 경제위기, 끔찍한 자연재해…… 일본 국민들은 끝없는 수렁에서 빠져나올 수 있는 구원 투수를 원했다. 여기에 화답한 게 아베 신조 전 총리였다. 아베는 위기 해결 능력을 보여 주지 못했던 민주당 정권을 밀어붙여 2012년 중의원 해산과 자민당 재집권을 이끌었다. '윤전기를 돌리고 또 돌려서 돈을 무제한적으로 찍어내겠다'는 그의 공약에 일본 국민들은 압도적

도쿄의 시부야 스크램블 교차로.(출처: 위키피디아)

투표로 화답했다. 시라카와는 당시에 대해 "일본 사회는 2퍼센트 물가 목표나 과감한 금융 완화 요구가 휩쓸었다"며 "1980년대 후반 거품경제나 1990년대 초반 금융위기 전야 때처럼 다른 의견을 허용하지 않는 분위기가 사회를 지배했다"*고 회상했다. 아베노믹스에 대해 시라카와는 "정치의 영역으로 통화정책이 끌려 들어간 사례"라며 "정치적 목적을 가지고 정부의 입장을 대변하는 학자들이 만든 '시대의 공기'를 거스르기 힘들었다"(682-683쪽)라고 평가했다.

　　나는 이 책이 국내에 번역·출간된 직후인 2024년 12월 시라카와를 직접 인터뷰했다. 이때 시라카와는 아베노믹스에 대해 "(결과

---

* 白川方明, 「政府·日銀「共同声明」10年後の総括」, 《東洋経済》 2023年1月21日号, 90쪽.

를 보면) 물가는 오르지 않았고 성장률도 상승하지 않았다. 일본 경제가 직면한 문제와 해결책을 근본적으로 잘못 설정했다"라고 비판했다. 그는 2010년대 초반 삼성전자 등 한국 기업과 경쟁하던 일본 기업들이 엔고 탓을 한 점을 떠올리면서 이후 "엔화가 약세로 돌아섰음에도 일본 전자업체 경쟁력은 회복되지 않았다"며, "일본 성장률 저하는 인구 감소와 기업 경쟁력 약화 등 구조적 문제가 근본 원인이지, 디플레이션 때문이 아니다"라고 지적했다.*

일본의 잃어버린 30년이 우리에게 주는 교훈

744쪽이나 되는 이 책은 일반 독자가 가볍게 읽기에는 부담스럽다. 일본에서 2018년 출간된 이 책의 원제는 '중앙은행: 중앙은행가로 경험했던 39년(中央銀行: セントラルバンカ のした39年)'이다. 저자가 일본은행에 근무하면서 경험했던 것을 다이나믹했던 일본 현대 경제사와 맞춰 쓴 회고록에 가깝다. 내용의 상당 부분은 중앙은행 내부에서 이뤄진 거시경제학적 논의로 채워져 경제를 잘 모르는 일반인은 물론, 경제학을 어느 정도 이해한다고 자신하는 독자들 역시 상당 부분 이해하기 쉽지 않다.

　그럼에도 불구하고 이 책은 작금의 한국 경제에 시사하는 바가 적지 않다. 저출산 고령화, 노동생산성 저하, 비효율적 정부 규제, 기업 경쟁력 약화 등 한국 경제의 성장을 막는 다양한 요인을 근본적으로 고칠 생각은 하지 않고 재정과 통화 정책에만 의존하려고 하는 지금 한국의 행보는 일본이 걸어온 실패의 길과 너무도 닮아 있다. 12·3 비상계엄 사태와 탄핵 소추안 가결 등으로 초래된

---

* 이상훈, 「"잠재성장률 하락, 돈 풀기로 해결 안 돼… 생산성 경쟁력 향상만이 길"」, 《동아일보》, 2024년 12월 2일 자, https://www.donga.com/news/Opinion/article/all/20241201/130544127/2.

극단적 정쟁 및 정치적 불확실성 확대는 금융 시장 불안과 소비 및 투자 위축을 초래하며 한국 경제의 장기적 위축 요인으로 작용하고 있다.

오랜 경기 침체에도 일본은 거대한 내수와 안정적 정치 체제, 세계 3대 기축 통화인 엔화를 토대로 선진국의 지위를 유지하고 다소 비효율적이지만 튼튼한 고용을 지켜 가면서 국민들의 생활이 크게 흔들리지는 않았다. 대량 실업과 사회적 혼란을 야기한 한국의 1997년 외환위기와 일본의 '잃어버린 30년'이 다른 부분이 여기에 있다. 저성장 초입에 들어선 한국은 어쩌면 일본보다 더 나쁜 길로 빠질 수 있다는 위기감을 느껴야 할 때다. 기업과 가계가 경제 현장에서 피부로 체감하고 있는 위기를 정치인들만 외면하고 있다는 게 어쩌면 현재 한국 경제의 가장 큰 위기 요인이 아닐까.

서리북

이상훈
《동아일보》 도쿄 특파원. 2003년 기자가 돼 경제부, 산업부를 거치며 경제 분야를 주로 담당했다. 2022년부터 일본에 머물며 일본 경제와 사회, 정치 전반을 취재하고 있다. 번역서 『아베 스캔들』, 저서 『브로큰 레버리지: 경제 성장의 막차는 떠났다』 등이 있다.

📖 일본 경제의 거품이 꺼지기 시작한 **1990년대 초반**부터 줄곧 내리막길을 걸었던 **30년간 일본 경제**가 어떻게 변화했는지 보여 준다. 일본 정부가 추진했던 주요 경제 개혁의 내용과 실패로 돌아간 이유 등을 정책 분석 및 통계를 통해 상세히 소개한다.

"1997년 이후의 일본 경제의 실질성장률은 1996년에 기록한 3.1%를 단 한 번의 예외를 제외하고 다시는 넘지 못했다."

— 책 속에서

『일본 경제 30년사』
얀베 유키오 지음
홍채훈 옮김
에이지21, 2020

📖 특파원으로 일본 경제의 현장을 바라보면서 꼼꼼하게 취재하고 기록해 펴낸 책이다. 일본 경기 침체에서 비롯된 정책, 산업, 인구 문제 등을 단순히 일본을 깎아내리기 위해서가 아니라 한국 역시 마주할 가능성이 높은 문제라는 점을 짚는다.

"한국이 일본을 턱밑까지 추격할 수 있었던 건 1인당 GDP가 20년 새 3배 가까이 늘었기 때문이기도 하지만 일본의 정체가 심각했던 탓이 더 컸다." — 책 속에서

『일본이 흔들린다』
정영효 지음
한국경제신문, 2022

POOR CHARLIE'S ALMANACK

투자 원칙부터
삶의
지혜까지

투자 귀재가
남긴
유일한 책

국내 최초
공식 출간

버크셔 해서웨이의 전설, 찰리 멍거의 모든 것

가난한 찰리의 연감

찰리 멍거 지음 │ 피터 코프먼 엮음 │ 김태훈 옮김

김영사

『가난한 찰리의 연감』
찰리 멍거 지음, 피터 코프먼 엮음, 김태훈 옮김
김영사, 2024

찰리 멍거와 친구가 되는 가장 좋은 방법:
인생과 투자의 원칙을 배우고자 하는 이에게

박소령

누구에게 추천하는가?

2025년 새해가 시작된 후 오랜만에 만난 지인이 이런 이야기를 들려주었다. 인생을 바꾸는 세 가지 방법이 있다. 하나는 대표가 되는 것, 다른 하나는 죽음을 앞두는 것, 마지막은 우주에 나가는 것. 우주에 나가는 것은 일반인이 하고 싶어도 하기 어려운 일이고, 죽음은 누구에게나 공평하게 찾아오겠지만 당장 원하는 것이 아니라면, 남은 선택지는 하나다.

나는 2015년 '퍼블리(PUBLY)'라는 이름의 스타트업을 창업했고, 2024년까지 10년 동안 대표로 일했다. 우연히 시작한 창업이었고, 그전에는 평생 단 한 번도 '창업해야지'라는 생각을 하지 않았던 사람이었기에, 이 글을 읽는 독자들이 충분히 예상 가능하듯, 셀수 없을 정도로 수많은 시행착오로 가득한 10년이었다.

그러나 『가난한 찰리의 연감』은 지금 읽었기에 비로소 의미가 있었다. 읽는 동안 나는 지난 10년을 정리하고 앞으로의 10년 혹은 그 이상을 달려 나갈 수 있는 에너지가 충전되는 기분을 맛보았다. 만약 10년 전의 내가 이 책을 읽었더라면, 그저 '아, 참 좋은

2010년, 찰리 멍거. (출처: flickr.com)

책이다' 정도로 그쳤을 것이다.

그래서 이 책은 어떤 일을 스스로 시작해서 완결까지 해본 경험을 가진 사람에게 특히 좋다. 그 일이 꼭 대표가 아니어도 된다. 결과가 성공이든 실패든 상관없다. 단, 아무리 힘들고 화가 나고 눈물이 쏟아지더라도, 도망가지 않고 직접 끝을 내본 사람이라면 이 책을 꼭 읽어 보라고 권하고 싶다. 내 손에 흙을 묻혀 가며 해본 일의 과정을 복기하며 사람은 성장한다. 이 책은 복기의 나침반이 되어 줄 것이다. 나에게 그랬듯이.

찰리 멍거는 누구인가?

워런 버핏이라는 이름은 이제 한국 대중들에게도 많이 알려져 있다. 세계 최고의 부자 순위를 매길 때 항상 상위 순번에 등장하기도 하고, 그가 1970년부터 CEO를 맡아 온 버크셔 해서웨이가 세계 최대의 투자 지주회사로 유명하기 때문일 것이다. (버크셔 해서웨이의 시가총액은 2025년 1월 말 기준 미국 주식 전체를 통틀어 10위를 차지하고 있다. 원화 약 1,500조 원 규모다. 참고로 한국 주식 시장 1위인 삼성전자의 시가총액은 2025년 1월 말 기준 약 300조 원이다.)

찰리 멍거는 워런 버핏과 함께 버크셔 해서웨이를 만든 인물이다. 1924년에 태어나 100세 생일을 한 달 앞둔 2023년에 세상을 떠났다. 1959년 버핏이 29세, 멍거가 35세일 때 둘은 처음 만났다. 이후 두 사람은 약 20년간 긴밀히 교류했고, 1978년 멍거가 버크셔 해서웨이에 합류하면서 동업을 시작한다. 이 둘의 파트너십은 미국 결혼식 주례에 흔히 나오는 표현처럼 '죽음이 그들을 갈라놓을 때까지' 이어졌다.

찰리 멍거가 어떤 사람인지, 이 책을 읽기 전에 미리 파악할 수 있는 두 가지 좋은 방법이 있다. 하나는, 멍거가 세상을 떠난 후 2024년 2월 버크셔 해서웨이 주주들에게 보낸 서한에 실린 버핏의 글을 읽는 것이다. 검색하면 영어 원문도, 한글 번역본도 쉽게 찾아볼 수 있다. 버핏의 추도사 마지막 문장은 이렇다.

위대한 건물은 건축가와 같이 기억되는 반면, 콘크리트를 붓고 창문을 설치한 사람들은 곧 잊혀지게 됩니다. 버크셔는 위대한 기업이 되었습니다. 나는 오랫동안 건설 현장을 책임져 왔지만, 찰리는 버크셔의 건축가로서 영원히 기억될 것입니다.*

두 번째 방법은 유튜브를 활용하는 것이다. 한글보다는 영어로 그의 이름을 검색하면, 그가 생전에 남긴 인터뷰와 강연, 버크셔

---

* Warren Buffett, "Charlie Munger: The Architect of Berkshire Hathaway", February 24, 2024, https://www.berkshirehathaway.com/letters/2023ltr.pdf.

해서웨이 주주총회에서 답하는 모습들을 많이 찾아볼 수 있다. 그의 목소리, 얼굴, 표정, 자세를 통해서 어떤 아우라와 스타일을 가진 사람인지 이해하는 데 도움이 된다. 유튜브가 책의 보완재 역할을 톡톡히 하는 경우다.

어떻게 읽으면 좋은가?

이 책은 찰리 멍거가 공식적으로 남긴 유일한 책이다. 정확히 말하자면 그의 강연, 즉 말을 글로 옮긴 것이 주를 이룬다. 2005년 초판이 나온 후, 2008년에 확장판이 나왔고, 한국어판은 2023년 멍거가 세상을 떠나기 직전에 나온 최신 개정판을 번역한 것이다. 멍거는 생전에 영어판 원본 및 중국어판을 제외한 다른 언어로의 번역을 허락하지 않았다고 한다. 이제서야 한국어판이 출간되었다는 것이 못내 아쉽다.

나는 논픽션 책을 읽을 때 목차를 집중해서 보는 편으로, 저자가 의도한 책의 전체 얼개를 먼저 파악한 후에 세부 내용으로 내려가는 것을 선호한다. 이 책 또한 마찬가지 방식을 택했다. 책은 총 4개의 장으로 나뉘는데, 이 책의 하이라이트를 뽑아내자면 제3장의 '멍거의 투자 원칙 체크리스트'와 제4장 마지막에 나오는 '매우 유용하지만 때로 잘못된 결론에 이르게 하는 심리적 경향들: 인간적 오판의 심리학'이라 할 것이다. 진득하게 책을 읽을 여유가 없는 이들이라면 이 두 가지를 먼저 읽어도 무방하다.

그러나 이 책을 읽는 더 좋은 방법은 워런 버핏이 쓴 서문부터 마지막에 나오는 멍거가 추천하는 책 목록까지 찬찬히 다 읽어 가는 것이다. 이 책에 실린 글의 순서에는 찰리 멍거의 의도가 명확히 담겨 있기 때문이다. 아무리 훌륭한 영화라 할지라도, 하이라이트 부분만 잘라 내서 보면 감동이 덜할 수밖에 없다. 영화 〈반지의 제왕〉에서 프로도가 절대반지를 기어코 파괴하는 데 성공하는 장면은, 그에 앞서 9시간에 걸친 서사가 쌓여 있기에 관객에게 묵직한 의미를 선사한다. 이 책도 마찬가지다.

찰리 멍거의 생애를 간략하게 소개하는 제1장을 다 읽고 나면, 멍거의 자녀들이 아버지에 대해 쓴 짤막한 글들을 모은 제2장이 등장한다. 멍거는 첫 결혼에서 세 명의 자녀를 얻었으나 8년 만에 이혼을 했고 연이어 큰아들을 백혈병으로 잃는다. 재혼한 아내와는 54년 동안 해로하면서, 아내가 이전 결혼에서 얻은 두 명의 자녀, 그리고 둘 사이에서 태어난 네 명까지, 총 여덟 명을 키웠다. 자식들이 아버지로부터 어떤 가르침을 얻었는지에 대해, 가족들만 알고 있던 내밀한 에피소드들을 공유한 글들을 읽노라면 멍거가 어떤 사람이었는지 좀 더 선명히 그려진다. 자식들의 존경과 사랑을 받은 아버지로서 멍거의 모습은 웃음도, 눈물도 살짝 흐르게 만든다.

제3장은 멍거의 투자 의사결정 원칙을 소개한다. 제4장에 나오는 멍거의 말을 본격적으로 접하기 전에, 미리 독자의 이해를 돕는 프레임워크를 제공하는 역할이다. 그런데 멍거에게는 "인생의 원칙이 곧 투자의 원칙"(85쪽)이었기에, 투자 원칙 체크리스트는 인생 원칙 체크리스트라고 바꾸어 읽으면 한결 효과적이다.

제4장은 1986년부터 2007년까지 멍거가 남긴 11개의 강연을 글로 정리한 것이다. 고등학교와 로스쿨 졸업식 축사도 있고, 자선재단 조찬 강연과 동창회 축사에, 무려 그가 쓴 짧은 소설도 있다. 재밌는 점은, 강연마다 마지막에 'n강을 다시 살펴보며'라는 코너가 포함되어 있다는 것이다. 이는 시차를 두고 자신의 생각을 다시 한번 가다듬는 역할을 쏠쏠히 한다. 어떤 경우는 그때 내가 한 말에서 하나도 고칠 게 없다고도 적는다.

물론, 이 책을 어떻게 읽을지는 당연하게도 독자의 자유다. 참고로 나는 이 책을 집중해서 읽는 데 약 12시간을 썼고, 수없이 많은 줄을 긋고, 여백에 메모를 적어 두었다. 훌륭한 책은 항상 그렇듯, 누가 언제 어떤 상황에서 읽느냐에 따라 천차만별로 제각각 다른 깨달음을 준다. 한 번 읽는 것만으로는 멍거가 100년 동안 정교하게 구축해 온 생각의 세계를 결코 소화할 수 없기에, 반복해서 읽고 또 읽을 책들을 모아 둔 책장 코너에 꽂아 두었다.

멍거의 가르침 중에서 딱 세 가지만 공유한다면?
현시점 나에게 아하 모먼트를 준 것들 중에서 세 가지를 골라 소개해 본다.

첫째, 무슨 일을 할 것인가. 버크셔 해서웨이는 하이테크 기업에는 투자를 꺼리는 것으로 유명하다. 이에 대해 멍거는 버핏과 본인이 복잡한 기술의 성격을 이해하는 데 자질이 부족하다고 솔직하게 답한다. 그러면서 내가 가진 역량이 무엇인지, 무엇을 잘하는지 파악하는 것이 대단히 중요하며, 어떤 분야에서 정말로 뛰어나려면 반드시 강한 흥미를 느껴야 하기 때문에 그런 일을 좇으라고 권한다.

> 모든 사람에게는 역량의 범위가 있습니다. 그 범위를 넓히기는 대단히 어렵습니다. (……) 그러니 여러분이 무엇을 잘하는지 알아야 합니다. 다른 사람들은 잘하는데 여러분은 못하는 게임을 하면 지기 마련입니다. (108쪽)

멍거는 자신이 일을 선택할 때 세운 세 가지 원칙도 공유한다. 동시에 충족하는 것은 대단히 어렵지만 그래도 시도는 해야 하며,

본인은 버핏을 만난 덕분에 세 가지를 다 충족하는 운 좋은 삶을 살았다고 말한다.

- 자신이 사지 않을 것은 팔지 않는다.
- 존경하지 않고 존중하지 않는 사람 밑에서 일하지 않는다.
- 같이 있으면 즐거운 사람들하고만 일한다.(132쪽)

둘째, 누구와 일할 것인가. 버크셔 해서웨이는 투자하거나 인수할 기업을 평가할 때 경영진을 신뢰할 수 있는지, 버크셔의 평판에 해를 끼칠 우려가 있는지를 중요한 요소로 삼는다. 즉, 멍거에게는 신뢰와 평판이 대단히 귀중한 자산이다. 그렇기 때문에 신뢰를 구축하기 위한 제도에 관심이 많다. 반대로 신뢰를 망가뜨리는 시스템에 대해 혹독하게 비판적이다. 종교와 윤리, 도덕이 그의 강연에서 자주 언급되는 이유다.

요란한 절차는 접어두고 완전히 신뢰할 만한 사람끼리 완전히 신뢰하는 겁니다. (……) 여러분의 삶 속에서 마땅한 신뢰에 기초해 매끄럽게 돌아가는 관계망을 극대화하세요.(329쪽)

그는 마치 스토아 철학자와 같다. 그가 가진 삶의 근본 철학은 준비성, 절제력, 인내심, 결단력 같은 엄격함에 있다. 이 책의 제목은 멍거가 평생 롤모델로서 존경해 온 벤저민 프랭클린이 쓴 『가난한 리처드의 연감(Poor Richard's Almanack)』에서 따온 것이다. 미국 건국의 아버지 중 한 명인 벤저민 프랭클린은 검소함, 의무감, 근면함, 단순함이라는 가치를 최상에 두었다. 그의 사상적 제자로서 멍거 또한 같은 길을 걷는다.

나는 명문대에서 강연할 때, 신뢰성과 관련된 발언으로 인기를 잃는 경우가 많다. 그것은 맥도날드가 존중할 만한 기업 중 하나라는 것이다. (……) 맥도날드는 (……) 가장 필요한 한 가지 교훈을 성공적으로 가르쳤다. 성실하게 출근해서 책임감 있게 일해야 한다는 것이다. (……) 명문대가 맥도날드만큼 합리적인 가르침을 준다면 세상이 더 나아질 거라고 말한다.(84쪽)

셋째, 어떻게 일할 것인가. 최신 개정판의 백미는 제4장의 마지막인 '매우 유용하지만 때로 잘못된 결론에 이르게 하는 심리적 경향들: 인간적 오판의 심리학'으로, 2023년 출간 전 멍거가 전면적인 재집필을 했다고 한다. 죽음 전에 그가 마지막으로 남긴 지적 유산이라 불리는 이유다.

그는 인간이 빠지기 쉬운 오판을 스물다섯 가지 체크리스트로 제시한다. 인간이라는 생물은 수만 년간의 진화 과정을 거쳐 뇌에 프로그래밍된 유전적 기질과 사회 속에서 형성된 문화적 관습에 얽혀서 살아간다. 멍거는 학문의 경계를 가리지 않고 최대한 다양한 학문의 핵심 개념을 파악해서 투자와 인생의 원칙으로 만들어 온 사람이지만, 그중에서도 특히 심리학과 유전학에 대해서는 좀 더 깊은 애정을 쏟은 것 같다. (자녀 중 한 명이 쓴 글에 따르면, 아버지의 손에 언제나 책이나 유전학에 관한 최신 논문이 들려 있었다는 구절이 나온다.)

그가 평생에 걸쳐 읽고, 생각하고, 버크셔 해서웨이를 통해 실전 경험으로 터득한 알짜배기 교훈 스물다섯 가지는 읽는 사람마다 머리를 쾅 두드려 맞는 기분을 맛보게 하는 구절이 제각각 다를 것이다. 하나씩 읽으면서 나의 과거 사례를 떠올려 보고, 앞으로의 오류를 방지하기 위한 액션 아이템을 정리하는 시간을 갖다 보면, 마치 수도승이 된 듯한 느낌도 든다.

우리는 벤저민 프랭클린이 《가난한 리처드의 연감》에서 한 조언에 담긴 일반적 교훈을 명심해야 합니다. 그는 "설득하려면 이성이 아니라 이해관계에 호소하라."고 말했죠. (……) 경영에서 가장 중요한 규칙은 '인센티브를 올바로 설정하는 것'일지도 모릅니다.(347쪽)

일찍이 형성된 습관을 운명이라 말해도 지나치지 않습니다. (……) 현명한 인생은 매우 드문데, 현명하게 사는 사람들은 좋은 습관을 많이 유지하고, 나쁜 습관을 많이 피하거나 바로잡습니다. (……) 비일관성-회피 경향 때문에, 습관을 바꾸는 것보다 처음부터 갖지 않는 게 훨씬 쉽다는 것입니다.(362-363쪽)

이 책, 꼭 읽어야 할까?

친구들에게 이 책에서 줄 그어 둔 좋은 구절들을 사진으로 찍어서 보내주었다. 다양한 반응이 있었는데, 그중 한 명의 반응이 흥미로웠다. 보내준 내용만 봐도 정신적 피로감이 든다는 답이었다.

찰리 멍거가 제시하는 인생과 투자의 원칙이 누구에게나 다 좋다거나 도움이 되는 것은 결코 아니다. 멍거 스스로도, 모두에게 다 잘 맞는 전략이란 없으며 각자에게 잘 맞는 스타일을 찾으라고 조언한다.

결국, 본질은 '나는 어떤 인생을 선택할 것인가? 어떤 삶을 살고 싶은가?'라는 질문에 대해 스스로 답을 내리는 것이다. 멍거의 말대로, "무엇보다 절대 자신을 속이지 말고, 자신이 속이기 가장 쉬운 사람임을 명심"(68쪽)하고, 정말 내가 원하는 것인지, 혹은 다른 사람의 시선이나 사회의 기대치에 맞추느라 선택하는 것인지, 숙고의 노력을 놓치지 않아야 한다.

그런데 만약 내가 평판과 신뢰를 중요하게 여긴다면, 내가 신

뢰하는 사람들과 신뢰받으며 살고 싶다면, 근면 성실이라는 기본
적인 가치에 충실하고 싶다면, 결정적 순간에 윤리적 판단을 내리
는 사람이 되고자 한다면, 인생의 모든 희로애락에서 진정한 배움
을 얻고자 한다면, 멍거의 원칙을 내 것으로 삼고 살아가지 않을
이유가 없다.

　그는 버크셔 해서웨이의 대표적인 자회사인 시즈 캔디의 75주
년 기념행사에서 이렇게 말했다.

　　저는 전기광(傳記狂)입니다. (……) 아마 애덤 스미스를 친구로 만들면
　　경제학을 더 잘 배울 수 있을 겁니다. '사망한 위인'과 친구가 된다는
　　말이 우습게 들릴 수 있습니다. 하지만 올바른 사상을 지닌 사망한
　　위인들의 삶을 따라가며 그들과 친밀해지는 방식은 삶과 교육에 큰
　　도움이 될 것입니다.(34쪽)

　이런 점에서, 『가난한 찰리의 연감』은 멍거와 친구가 되는 가
장 좋은 길이다. 서리북

박소령
퍼블리 창업자, 전 대표. 서울대학교 경영학과 학사 졸업, 하버드대학교 케네디스쿨 공공정책학 석사
졸업. 《조선일보》 책 섹션에 '박소령의 올 댓 비즈니스'를 연재 중이다.

📖 워런 버핏에 대한 유일한 공식 전기로, 한국에서는
한동안 절판이었다. 그 시절 중고 서점에서 이 책을 구하려면
가격이 수십만 원 정도로 비쌌던 기억이 난다. 다행히 다시
출간되었다.

"아주 젊은 변호사였던 찰리는 아마 한 시간에 20달러를
벌었을 겁니다. 그래서 찰리는 속으로 이런 생각을 했습니다.
'누가 나에게 가장 소중한 고객일까?' 그 고객은 바로 자기
자신이라고 결론을 내렸습니다. 그래서 그는 하루에 한
시간을 자기 자신에게 팔기로 했습니다. 그는 이것을 이른
아침 시간에 했습니다. 모든 사람이 자기 자신의 고객이
되어야 합니다. 다른 사람을 위해서 일하면서, 또한 동시에
자기에게 하루 한 시간을 팔아야 합니다." — 책 속에서

『스노볼』 1, 2
앨리스 슈뢰더 지음
이경식 옮김
알에이치코리아, 2021-
2022

📖 찰리 멍거의 말을 읽다 보면 무라카미 하루키와 중간중간
교차점이 발견된다는 느낌을 받았다. 살아온 세계는 전혀
다르지만, 두 사람 모두 자신만의 사고의 독립성을 중시하고
근면 성실하게 산다는 공통점 때문인지 생각의 뿌리가
맞닿아 있는 듯하다.

"한마디로 말하자면, 그것은 정신의 '터프함'이 아닐까라고
나는 생각합니다. (……) 그리고 그 강고한 의지를 장시간에
걸쳐 지속시키려고 하면 아무래도 삶의 방식 그 자체의
퀄리티가 문제가 됩니다. 일단은 만전을 기하며 살아갈 것.
'만전을 기하며 살아간다'는 것은 다시 말해 영혼을 담는
'틀'인 육체를 어느 정도 확립하고 그것을 한 걸음 한 걸음
꾸준히 밀고 나가는 것, 이라는 게 나의 기본적인 생각입니다.
살아간다는 것은 (많은 경우) 지겨울 만큼 질질 끄는
장기전입니다. 게으름 피우지 않고 육체를 잘 유지해나가는
노력 없이, 의지만을 혹은 영혼만을 전향적으로
강고하게 유지한다는 것은 내가 보기에 현실적으로 거의
불가능합니다." — 책 속에서

『직업으로서의 소설가』
무라카미 하루키 지음
양윤옥 옮김
현대문학, 2016

FLUSH

똥

뜻밖의 보물에 숨겨진
놀라운 과학

브린 넬슨 지음 · 고현석 옮김

THE REMARKABLE
SCIENCE OF AN UNLIKELY
TREASURE

arte

『똥』
브린 넬슨 지음, 고현석 옮김
arte, 2024

멋진 구(舊)세계:
우리는 잃어버린 똥의 가치를 되찾을 수 있을까

황정하 · 홍성욱

인간은 누구나 '똥'을 싸고, 어떤 형태로든 똥의 흔적을 남긴다. 그렇지만 흔적을 남기는 것에 극단적으로 예민한 사람이 있는데, 그중 한 명이 바로 김정은 북한 국무위원장이다. 그는 2018년 싱가포르에서 열린 북·미 정상회담에 자신의 전용 화장실을 들고 갔다. 그가 변비 같은 질환을 앓고 있어서가 아니라, 외국의 정보기관이 자신의 똥을 훔쳐 그에 담긴 정보를 분석해서 건강 상태를 엿보는 것을 막기 위해서였다. 그의 까칠함이 기우만은 아닌 것이, 실제로 세계 각국 지도자의 똥을 훔치기 위한 작전은 선례가 있었다. 예를 들어, 1949년 마오쩌둥이 모스크바를 방문했을 때 이오시프 스탈린의 밀사는 마오쩌둥의 똥을 가로채려 했으며, 조지 부시 미국 전 대통령도 2006년 오스트리아 방문 당시 이런 상황을 걱정해서 자신만의 전용 화장실을 들고 갔다.

똥 무기에서 똥 이식까지
국가 원수들이 이렇게도 소중히 여기는 똥은 때로는 유용한 무기로 활용되기도 한다. 최근 북한이 살포해 온 몇몇 오물 풍선 속에는 퇴비가 들어 있었는데, 여기에서 인분으로부터 유래된 것으로 추정되는 기생충이 검출되었다. 북한의 오물 풍선은 사실 '똥 풍선'이다. 이런 똥 풍선이 역겹고 괴롭지만, 풍선 정도는 별것 아닐 수 있다. 전쟁이 빈번하게 일어나던 과거에는 화살촉에 똥을 묻혀서 쏘기도 했고, 12세기 중국에서는 적절히 삭힌 똥을 적군에 분사하는 똥 폭탄이 사용되기도 했다. 이 똥 폭탄은 적에게 물리적 피해를 주는 것을 넘어, 지독한 냄새와 시각적 역겨움을 유발해서 적의 사기를 떨어뜨리는 훌륭한 심리적 무기로 기능했다. 유럽에서도 똥을 성벽에 투척하는 공격술이 있었다.(85-86쪽) 한국 현대사를 봐도 국회의사당 회의실에 똥을 뿌린 사건, 여공의 농성을 해산시키기 위해 똥을 이용한 사건 등이 굵직하게 기록되어 있다.

다른 한편, 이렇게 역겨운 똥은 무척 고마운 존재기도 했다. 동아시아와 유럽의 농경 사회에서 인간의 똥은 거름의 주재료로서 귀중한 자원으로 여겨졌다. 작가 박완서는 자전적 소설 『그 많던 싱아는 누가 다 먹었을까』에서 유년기에 친구들과 뒷간에서 다 함께 똥을 누던 장면을 회상한다. 그들에게 똥은 "더러운 것이 아니라 땅으로 돌아가 오이 호박이 주렁주렁 열게 하고, 수박과 참외의 단물을 오르게" 하는 것이었다. 심지어 그녀와 친구들은 똥을 누며 "본능적인 배설의 기쁨뿐 아니라 유익한 것을 생산하고 있다는 긍지까지 맛볼 수가 있었다."* 그런데 아마 지금 청소년들은 똥을 비료로 뿌려 경작한 채소를 먹는다고 하면 구역질을 할 것이다. 수십 년 사이에 똥의 사회문화적 지위가 이렇게 크게 달라졌다.

미생물학을 전공한 과학 저술가 브린 넬슨(Bryn Nelson)의 『똥』은 우리가 별로 깊이 생각해 보지 않은 '똥'의 다양한 면모를 거침

---

* 박완서, 『그 많던 싱아는 누가 다 먹었을까』(웅진지식하우스, 2021), 29쪽.

인류의 오랜 역사 내내 똥의 사회문화적 지위는 크게 달라져 왔다. 저자는 똥의 가치를 되찾는 과학적, 기술적 수행의 여러 사례를 소개한다.(출처: flickr.com)

없이 들춰낸다. 책에는 저자가 똥의 가치와 생태를 연구하는 여러 과학자를 만나고, 온갖 기상천외한 방식으로 똥의 가치를 복원하는 현장에서 새롭게 찾아낸 내용이 생생하게 정리되어 있다. 똥에 관한 생각을 바꾸기 위해 '사람들이 가진 유기적인 힘(People's Own Organic Power, POOP*)' 프로젝트를 시작한 활동가의 이야기부터,(16쪽) 똥에 대한 인간의 혐오감을 측정하는 생물인류학 실험실(75-79쪽)과 고대인의 똥과 기생충을 연구하는 고고학자와 고인류기생충학자(168-180쪽)를 거쳐, 인간이 변기에 눈 똥을 저장해 두었다가 정원을 가꾸는 비료로 활용하는 퇴비화 화장실(560-606쪽)까지, 저자는 청결이라는 근대적인 자격 조건을 갖춘 문화 시민이 상상하기 힘든 똥의 가치를 되찾는 과학적, 기술적 수행을 적극적으로 탐사한

---

* 'POOP'은 '응가'의 뜻을 가진 단어이기도 하다.

다. 이런 탐사를 통해 그는 똥이 "유익하면서도 해롭고, 흥미로우면서도 이상하고, 부드러우면서도 격정적"(23쪽)인 존재임을 드러내려고 한다.

　저자는 과학과 의학의 최전선에서 진행되는 흥미로운 똥 연구도 소개한다. 그중 하나는 항생제에 내성이 있어 치료제가 없는 박테리아에 장이 감염되어 발생하는 만성 염증성 장질환 환자에게 건강한 사람의 똥을 이식하는 '대변 이식술(Fecal Microbiota Transplantation, FMT)'이다.(106-146쪽) 아직 미국 식품의약국(Food and Drug Administration, FDA)의 공식 인가를 받지 못했지만, 책에 소개된 사례를 보면 똥은 어떤 약도 듣지 않는 이 치명적인 질병에 마술과 같은 치료제가 된다. 다른 사례는 도시 지하 하수도 속 분변 표본을 채취하여 각종 바이러스를 채검하는 하수 기반 역학(Wastewater-Based Epidemiology, WBE) 실험이다.(258-304쪽) 이런 검사는 폐수를 통해 전염될 수 있는 소아마비바이러스를 하수도에서 적발해 내기 위해 사용되던 것이었는데, 코로나19 팬데믹 동안 코로나바이러스를 추적하기 위해 여러 나라가 도입해 실시했다. 하수 기반 역학은 무증상자가 바이러스를 퍼트리는 상황에 선제적으로 대응할 수 있다는 장점에 기반해서 그 응용 범위를 넓히고 있다.

똥의 과학, 똥의 철학

20세기 중엽의 한국으로 돌아가 보자. 변소에 똥이 꽉 차면 '똥퍼 아저씨'가 똥지게를 들고 그것을 퍼 가서 도시 주변의 농부들에게 전달했다. 이 똥은 거름을 만드는 주요한 재료가 되어 땅으로 돌아가 농작물을 키워 냈다. 그런데 질병의 세균설이 등장하고 기생충 감염이 사회 문제가 되면서 똥은 값진 농업 자원이 아니라 세균과 기생충을 전파해서 병을 옮기는 매개체로 여겨지기 시작했다. 인류의 역사와 함께해 온 존재였던 기생충은 서양에서는 19세기 이후, 우리나라에서는 20세기 이후에 갑자기 박멸해야 할 두려운 대상이 되었다. 수세식 화장실은 이런 걱정과 함께 똥의 냄새까지 없애 주었고, 수세식 화장실이 대세가 되면서 똥과 똥 냄새는 역겨운 것 중 하나가 되었다. 똥(human waste)이 쓰레기에 불과한 것(mere waste)이 되어 버린 것이다.

　수세식 화장실이 상징하듯이, 근대인은 우리를 골치 아프게 하는 문제에 대해서 깔끔한 기술적 해법을 추구한다. 그러한 해법은 똥과 인간을 철저하게 분리하는 것인데, 넓게 봤을 때 이런 방식은 결국 인간 사회와 자연을 칼로 자르듯이 나누어 생각하는 철학에 근거한다. 자연과 사회를 분리하지 않으면서 문제를 끌어안고 끙끙대면서 해법을 고민하는 대신에, 손가락을 까딱하여 레버를 돌려 '쏴~' 하는 소리와 함께 똥을 하수구로 밀어내듯이 문제를 단칼에 잘라내 버리려고 한다. 배설물과 인간의 철저한 분리는 인간을 자연 세계와 분리하면서 깨끗한 기술적 해법을 모색하는 현대 사회의 축소판이다.

　수세식 화장실이 문명의 진보인가? 『똥』은 이를 집요하게 묻는다. 모든 생명체는 환경으로부터 먹을 것과 에너지를 섭취하고 성장하면서 다시 환경 속으로 배설물을 배출한다. 이런 배설물은 토양에서 거름 역할을 하고 곤충 같은 다른 생명체의 먹이가 된다. 곤충이 많아지면 이를 먹는 새와 동물이 늘어나서 생태계가 풍부해진다. 그러나 생명체 중에 인간만이 유일하게 자기 배설물을 강과 바다에 흘려보내고 있다. 수십억 명의 인간이 이를 문명의 혜택으로 생각하면서, 중요한 자원의 낭비에 기쁘게 동참한다. 넬슨은 똥을 소중하게 다루는 세상이 창의적인 '보강'과 '재창조'를 통해 진보의 미래를 포용하리라고 전망한다. 이런 세계의 시민은 기

저자는 배설물과 인간의 철저한 분리를 가능하게 한 수세식 화장실이 과연 문명의 진보가 맞는지
거듭 질문한다.(출처: freeimageslive.co.uk)

후위기같이 현행하는 문제를 해결하기 위해 기술적으로 화려하고 깔끔한 해법 대신 지속 가능한 해결 방법을 고민할 것이기 때문이다.(22쪽, 605쪽) 똥에 대해서 성찰해 보고 똥과 조금 가까워져 보려는 노력은, 나를 세계 속에 다시 위치 짓고 나와 세계의 연결을 느껴 보려는 노력이다.*

실험과 시스템 전환의 차이

책 전체를 통해 똥을 재평가하고 재활용하는 저자의 실험은 유쾌한 필치로 묘사된다. 반면에 책에는 이런 실험이 얼마나 실용적이고, 똥에 관심을 가진 소수 '괴짜' 그룹의 경계 밖으로 얼마나 확산했으며, 얼마나 성공적인지에 대한 평가는 잘 나와 있지 않다. 한 가지 이유는 이런 실험들이 현재 진행형이기 때문일 것이다. 그러나 다른 한편으로는 저자가 똥을 무가치한 것으로 생각하거나 혐오하는 현대인에 맞서 똥의 가치를 복원하는 데 주력한 나머지, 똥의 다양한 이용과 실험을 너무 '아름답게'만 본 측면도 있다. 여기에 교양 과학서라는 책의 장르적 특성도 한몫한다. 교양 과학서에서는 과학적 사실과 해석에 내재한 불확실성과 이를 둘러싼 논쟁을 입체적으로 소개하는 일이 쉽지 않다. 이 때문에 책은 현대인이 잃어버린 똥의 과학적, 의학적, 공중보건학적, 환경적 가치를 어떻게 복원하는가를 길게 논하지만, 그러한 기술의 가능성이나 유용성에 관해 다른 연구자들이 제기한 문제는 상대적으로 가볍게 다

---

* 페미니스트 과학기술학자 도나 해러웨이는 그 의미를 새롭게 되새겨야 할 개념으로 '퇴비(compost)'를 제시했다. 퇴비는 생명과 자연을 잇는 순환의 매개 고리이며, 서구의 약탈적 근대 이후(post)에 인간-자연의 관계를 성찰하며 새롭게 등장하는(come) 인간의 존재 조건을 나타내기도 한다. Donna Haraway, *Staying with the Trouble: Making Kin in the Chthulucene* (Durham: Duke University Press, 2016).

루고 있다.

　가령, 인분 비료와 기생충의 문제를 보자. 저자는 기생충이 인간과 함께 공진화했다고 하면서, 기생충 대부분은 건강에 큰 문제를 일으키지 않는다고 평가한다.(338-340쪽) 오히려 20세기에 증가한 다양한 자가면역질환은 인간 몸 안에 있는 기생충을 박멸했기 때문에 생긴 것일 수 있다고도 덧붙인다. 나아가 저자는 지금은 기생충을 없애는 약이 대중화되어서 인분 퇴비에 대해서 거부감을 가질 필요가 더더욱 없다고 주장한다. 그렇지만 현대에도 영양분 섭취가 부족한 제3세계, 특히 열대 지역의 가난한 국가들에서 10-20억 명 이상의 사람이 토양 매개 기생충(회충, 요충, 구충 등) 감염으로 고생하고 있다. 특히 영양이 충분치 못한 아이들의 몸에 서식하는 기생충은 심각한 빈혈과 성장 저하를 일으키기도 한다. 자가면역질환 치료를 위해 '기생충 이식'(343-344쪽)을 상상하는 저자의 관점은 영양에 대한 걱정을 하지 않는 선진국에서나 가능한 팔자 좋은 이야기라고 해도 과언이 아니다.

　하수 감시에 대한 저자의 분석도 다소 낙관적이다. 저자는 미국 여러 도시들에서 운영되고 있는 하수 감시 시스템을 상세히 소개하면서, 이런 감시가 대학 기숙사에서의 하수 감시처럼 좀 더 미세하게 배분될 때 더 실효성 있는 결과를 얻을 수 있다고 강조한다. 물론 하수 감시를 통해 환자와 감염 의심자의 신체에 대한 직접적인 개입 없이 전염병의 감염 분포를 알아낼 수 있고, 심지어 증상이 잠복기일 때도 대변에 섞여 나오는 바이러스를 검출할 수 있기 때문에 선제적으로 특정 바이러스의 유행 상황을 알아낼 수 있다는 장점은 부인할 수 없다. 그러나 건물과 연결된 하수도에서 샘플을 채취해 건물 수준의 감시가 이루어지고, 이런 감시가 감염병뿐만 아니라 마약 사용 여부 검사나 다른 생체를 이루는 물질의 검사에까지 사용되면 생명정치(biopolitics)와 생명감시(biosurveillance)의 문제가 심각한 사회적 의제가 될 수 있다. 즉, 하수 감시의 유용성만이 아니라 그것이 수반하는 잠재적 위험까지 고민해야 똥의 가치를 사회적으로 '건강하게' 복원할 수 있을 터인데, 이런 잠재적 위험에 대한 논의는 책에 등장하지 않는다.*

　책을 읽으면서 계속 떠오르는 의문은 한국의 아파트 화장실과 관련된 것이었다. 저자는 똥에 관해 연구하면서 똥을 재활용하는 시민, 농민, 연구자, 조직을 찾아다녔고, 그 일환으로 깔끔한 수세식 화장실을 버리고 똥을 재활용하려고 일부러 푸세식 화장실을 조금 더 근사하게 만든 '퇴비화' 화장실을 설치한 가정과 직장을 소개한다. 푸세식 화장실과 별반 다를 바 없는 이 공간에서 이들은 똥에 어떤 재료를 섞을 때 냄새가 없어지는지(과거에도 똥에 재를 섞고는 했다), 화장실 구조를 어떻게 만들어야 똥이 밑으로 잘 굴러 내려가는지를 실험한다. 시애틀에 지어진 한 6층짜리 건물은 (비록 몇 년의 실험 끝에 결국 폐기했지만) 건물 전체의 화장실을 퇴비화 화장실로 바꾸기도 했다.(561-572쪽) 그런데 이런 미국의 '푸세식' 화장실은 주로 개인 주택―그것도 꽤 널찍한 주택―에 마련된 것이었다. 서울만이 아니라 이제는 지방 도시까지 덮어 버린 촘촘한 아파트에 수세식 화장실 이외의 대안이 있는가? 우리는 과연 '멋진 구(舊)세계'로 돌아갈 수 있는가?

　결국 이 문제는 우리의 사회기술 시스템(socio-technical system)이 과거의 그것으로 돌아갈 수 있느냐는 질문이기도 하다. 과거의 푸

* 도시 하수 감시를 생명정치와 연관 지어서 논한 글로는 다음을 참고할 수 있다. 황정하, 「도시, '몸'의 확장: 하수 속 바이러스가 그리는 도시 신진대사(urban metabolism)」,《사이: 서울대학교 과학학과 학생저널》2, 2024, https://scisnu.blogspot.com/2024/06/urban-metabolism.html.

세식 화장실은 그냥 화장실 하나가 아니라 '화장실-분뇨-인분 비료-유기농업'이 연결된 커다란 사회기술 시스템의 일부였다. 마찬가지로 지금의 수세식 화장실 역시 '고층 건물-화장실-하수 기반 시설(infrastructure)-정화 처리장'이 연결된 사회기술 시스템이다. 수세식 화장실에서 푸세식 화장실로의 변화는 (그 역도 물론 그랬지만) 단순히 화장실 변기 하나를 바꿈으로써가 아니라, 똥을 처리하는 전체 시스템이 전환되어야 가능할 것이다.

　이것이 가능할까? 우리가 상상하는 것 이상으로 어려울 수 있다. 다만 희망적인 메시지가 있다면, 앞선 사회기술 시스템의 전환을 연구한 사례들은 계속 쏘아 올려진 일련의 작은 실험의 불씨가 큰 들불이 되면서 거대한 전환이 가능해졌음을 보여 준다는 것이다.* 그렇기에 똥에 대한 실험은 계속되어야 한다!(Experiment must go on!) 　서리북

---

* Frank Geels, *Technological Transitions and System Innovations: A Co-Evolutionary and Socio-Technical Analysis*(Cheltenham: Edward Elgar, 2005).

황정하
서울대학교 과학학과 박사 과정. 코로나19 팬데믹 시기에 구축된 '하수 기반 감염병 감시 체계'에 관한 현장연구를 진행하며 똥의 '가치'를 몸소 체험했다. 이후 하수 기반시설(infrastructure)에 매료되어 일제강점기부터 1980년대에 이르는 한국 하수도 발전사에 관한 박사 연구를 기획하고 있다. 최근 과학사학자 로레인 대스턴의 『알고리즘, 패러다임, 법』을 함께 옮겼다.

홍성욱
본지 편집위원. 과학기술과 사회의 상호작용을 연구하는 과학기술학자. 기술재난을 분석한 『우리는 재난을 모른다』를 출간했다. 토머스 쿤과 브뤼노 라투르의 저서를 번역하고 있으며, 조만간 파놉티콘과 전자감시에 대한 논의를 21세기 빅데이터·인공지능 시기로 확대해서 다룬 『파놉티콘: 인공지능, 빅데이터』를 출간 예정이다.

📖 화장실 및 하수 기반시설을 중심으로 분변과 위생이 인류의 삶에 미치는 영향을 탐구하는 탐사 논픽션. 이 책은 런던과 뉴욕의 지하 하수도, 일본의 변기 제조 산업, 중국의 공중화장실, 인도와 탄자니아의 노상 배변 현장 등을 직접 조사해 분변 처리 방식이 정치, 경제, 환경, 문화 등 다양한 사회적 요인과 밀접하게 연관되어 있음을 보이면서 위생 문제의 해결이 단순한 기술적 접근을 넘어 사회 구조적 변화와 연결되어야 함을 강조한다.

"누가 알아주지 않아도 묵묵히 하수도를 청소하는 사람들, 힘들게 땅을 파 재래식 화장실을 만드는 사람들, 우리의 배설 본능을 충족시킬 기술을 끊임없이 개발하고 관리하는 사람들을 만나면서, 나는 멈추고 싶지 않아졌다. 프로이트가 말했듯이, 인류가 택해야 할 '더 현명한 여정은 [똥의] 존재를 인정하고 본능이 허락하는 만큼 그것을 존중하는 일이다.'"
— 책 속에서

『똥에 대해 이야기해봅시다,
진지하게』
로즈 조지 지음
하인해 옮김
카라칼, 2020

📖 1930년대에 똥차와 똥통을 동원해서 시위를 벌여 시장까지 물러나게 했던 막강한 권력을 가진 북경 똥장수. 이들은 분뇨를 수거하는 권리를 독점하고 이렇게 수거한 분뇨를 판매해서 상당한 이윤을 얻기도 했다. 1949년 권력을 잡은 공산당 정부는 북경 똥장수 20명을 반동으로 몰아 인민의 이름으로 사형시킨다. 이 책은 파업과 태업을 무기로 한때 권력과 재력을 맛보던 북경 똥장수들이 혁명 이후에 국가 권력의 관리 속으로 급속하게 편입된 과정을 그려 낸다.

"똥장수들의 시위가 시작되면서 똥차, 똥자루, 똥통, 똥국자 등을 길가에 쌓아 두어 지나다니는 사람들이 코를 막아야 할 정도로 일시에 고약한 냄새가 진동했다. 도시화의 진전 속에서 환경위생의 개혁에 대한 요구는 높아지고 있었지만, 시정부는 사유화가 완료된 분뇨처리업에 대해서 똥장수가 만족할 만한 보상은 사실상 처음부터 불가능하다는 것을 알고 있었다. 똥장수의 반발은 계속되었고, 사태는 폭동과 진압이라는 물리력의 충돌을 거쳐 해결되었다." — 책 속에서

『북경 똥장수』
신규환 지음
푸른역사, 2014

재반론

[편집자] 《서울리뷰오브북스》는 지난 15호(2024년 가을) '특집 리뷰: 지방과 지역 사이'에 『전라디언의 굴레』(생각의힘, 2021)를 다룬 박경섭의 「전라도와 함께 지역 문제를 이해하고 극복하기」를 게재하고, 이후 『전라디언의 굴레』의 저자인 조귀동의 반론 「'외부인'과 '관리자'로 규정하는 방식은 정당한가?」를 16호(2024년 겨울)에 실었다. 『전라디언의 굴레』의 서평을 쓴 박경섭이 다시금 반론의 의사를 전해옴에 따라, 재반론을 게재한다. 이 글은 본래 원고지 30매 분량으로 투고되었으나 본지의 반론 분량 규정에 맞추어 축약되었다. 전문은 《서울리뷰오브북스》 홈페이지(http://seoulreviewofbooks.com/)에서 읽을 수 있다.

현실의 지층은 복합적이다

박경섭

서평에 대한 저자의 세 가지 문제 제기와 반론에 답하고자 한다. 저자는 첫째, 외부인과 관리자라는 단어가 부당하며 내가 마치 『전라디언의 굴레』가 경제나 경쟁 논리에 함몰되어 있다고 비판한 듯이, 그리고 그것이 납득하기 어렵다고 주장한다. 나는 외부자의 시각이나 경제 논리를 부정한 것이 아니라 다른 관점의 필요성을 강조한 것이기에 '외부인'과 '관리자'와 같은 단어가 "'비판적 시민사회'에서 타인을 공격할 때 흔히 쓰는 언어"*라는 저자의 평가는 납득하기 힘들다. 반론에서 저자는 내가 비판적 시민사회의 입장에 있는 것으로 간주하고 5·18민주화운동(이하 5·18)에 관해 기득권 엘리트를 대변하는 것처럼 규정한다. 경제와 경쟁 논리를 비판하면 비판적 시민사회의 일원이 되고, 광주시의 5·18기념사업 발전계획을 설명하면 "진보 진영 엘리트"(16호, 191쪽)가 되는 것일까?

---

* 조귀동, 「'외부인'과 '관리자'로 규정하는 방식은 정당한가?」, 《서울리뷰오브북스》 16, 2024, 187쪽. 이하에서는 이 글을 인용하는 경우 본문에 호수와 쪽수만을 표기한다.

나는 경제 논리만으로는 설명하기 힘든 부분이 있으며 지역에 다양한 시각이 있음을 강조했다. 내가 책의 내용 중에서 동의하기 어려운 점은 광주가 5·18을 어떻게 발전적으로 계승할지에 대해 아무도 관심이 없다고 한 부분이었다. 그래서 「5·18 기념사업 마스터플랜」(2021, 이하 「마스터플랜」)의 예를 들어, 지역사회에 기념사업의 문제점을 개선하고 5·18을 발전적으로 계승하려는 노력이 다양하게 존재해 왔음을 이야기한 것이다. 하지만 저자는 서평에서 제시한 자료에 대한 검토 없이 "평자는 광주시청이 장기 계획을 세우고 5·18을 기념해 왔다는 것을 핵심적인 반론 근거로 삼는다. 지방자치단체가 앞장서 기념하니 광주 정신이 발전적으로 계승된다는 것이다"(16호, 188쪽)라고 서평의 내용을 자의적으로 해석한다. 광주시의 계획이지만 학술 연구 용역을 통해 전남대학교 5·18연구소가 수립한 「마스터플랜」의 내용 중 기존 기념사업에 대한 비판적 평가, 지역 내 2030세대의 활동들에 근거해 수립한 발전 전략을 잠시라도 살펴봤다면 내가 "지방자치단체가 앞장서 기념하니 광주 정신이 발전적으로 계승된다"는 식의 주장을 했다고는 이야기하기 힘들 것이다.

5·18 사적지 중 하나인 옛 광주교도소를 기념 공간으로 조성하는 사업과 관련하여 기획재정부와 광주시의 갈등을 간략하게 서술한 내용에 대해 저자는 "외부인이자 관리자가 경제 논리를 앞세워 돈을 안 준다는 얘기다. 해당 사업은 고속도로와 아파트 단지에 끼어 있는 부지 전체를 공원으로 만드는 데 1,150억 원을 요구한 건이다"(16호, 188쪽)라고 적었다. 저자는 반론에서 5·18과 관련하여 내부자는 보존을, 외부자는 개발을 주장한다는 듯이 양분하지만 현실은 훨씬 더 복잡하다. 5·18 관련 단체, 더불어민주당 광주시당, 지역 시민사회 단체가 기획재정부의 옛 광주교도소의 개발

을 반대한 이유는 초고층 주상복합 건축을 포함한 사업 내용과 민간 개발 방식의 문제 때문이었다. 기획재정부는 2020년 한국토지주택공사(이하 LH)를 옛 광주교도소 부지 개발을 위한 위탁 사업자로 선정했고, 그해 LH는 초고층 주상복합 건축물을 포함한 사업계획(추정 사업비 약 1,155억 원)을 제출했다. 2020년 10월 광주시는 국비 1,155억 원을 투입하는 민주·인권 기념파크 조성 도시개발사업 절차에 들어갔다고 발표했다.* 이러한 상황을 감안하면 광주시가 1,150억 원을 요구한 건이라고 쉽게 이야기할 수 없으며, 보존 논리와 경제 논리가 충돌한 것도 아니다.

둘째, 저자는 반론에서 서평이 내부인의 자격을 내세운 인상 비평에 가깝고, 다양한 통계 자료를 사용하는 것도 문제라고 지적했다고 주장한다. 나는 통계 자료를 사용하는 것이 문제라고 생각하지 않는다. 그것이 문제라면 서평에서 광주의 교통과 관련된 국가통계포털 자료, 광주 인근 로컬푸드 직매장 매출 자료를 인용하지는 않았을 것이다. 서평에서는 현실을 파악하는 데 일종의 수학적 모형과 기호를 활용하는 통계의 특성과 한계가 있기에 다른 측면도 살펴야 한다는 것을 강조했다. 저자는 또한 복합 쇼핑몰 이슈에 대해 지역 문화와 관련지어 이야기하는 것에 고개가 갸웃거려진다고 했으나,(16호, 189쪽) 서평의 관련 부분에서는 광주의 역사·문화와 관련이 있는 방직 공장 부지에 복합 쇼핑몰이 들어서는 것에 대해 이야기했고, 복합 쇼핑몰에 대한 논의에서 지역의 역사와 문화가 뒷전으로 밀려나는 것에 대한 아쉬움을 표현한 것이다.

저자는 책의 내용을 반박하기 위해 내가 도시계획위원회(이

---

* 관련하여 박선강, 「옛 광주교도소 부지 민주·인권 기념파크 조성사업 '순항'」,《아시아경제》, 2020년 10월 3일 자, https://www.asiae.co.kr/article/2020100314452427357 참조.

하 도계위) 회의 내용의 공개를 사례로 들었다고 적는다. 하지만 내
가 광주 도계위 회의 공개 조례 제정 사례를 언급한 것은 책의 내
용을 반박하기 위함이 아니라 지역사회의 역량을 강조한 것이다.
2021년 말 책 출간 당시 도계위 회의 공개는 거의 이야기되고 있지
않았으며 구체적 논리로 도계위 공개를 의제로 제시한 건『전라디
언의 굴레』가 사실상 처음이라는 저자의 생각과 달리, 책이 출간
되기 전의 관련 신문 기사들을 검색해 보면 이미 도계위 회의 내용
공개가 지역사회의 의제가 되어 있었음을 쉽게 확인할 수 있다.*

  셋째, 책의 내용을 오독하고 과감한 해석을 하는 것이 이해하
기 어렵다는 저자의 문제 제기는 서평의 "호남 문제는 호남 스스
로 해결하기 힘들다는 결론에 도달해도 이상할 것이 없다"**라는
표현과 관련된다. 이는 호남 문제가 지역과 중앙의 문제에서 기원
했고 한국의 경제 성장 과정에서 호남이 희생양이 되었다는 책
의 논지에 비추어, 결국 해법도 (지역 스스로 해결해야 할 부분도 있겠지만)
경제와 권력의 수도권 집중 문제를 다룰 필요가 있음을 강조한 것
이다.

  저자는 반론의 말미를 5·18기념재단에 대한 비판으로 마무리
한다. 5·18기념재단에 대한 비판은 서평의 내용과 무관해 보인다.
서평과 관련이 없음에도 이러한 비판을 하는 이유를 헤아려 보자
면, 반론의 근거를 서평의 메시지가 아니라 메신저인 나를 겨냥함
으로써 구하려는 것은 아닌지 의구심이 든다. 저자는 5·18기념재

---

* 관련 기사는 강경남, 「광주시민협 "회색도시 탈피, 광주도시계획위원회부터 혁신해
야"」,《광주드림》2021년 1월 19일 자, https://www.gjdream.com/news/articleView.
html?idxno=605520 참조.
** 박경섭, 「전라도와 함께 지역 문제를 이해하고 극복하기」,《서울리뷰오브북스》15,
2024, 39쪽.

단을 평범한 시민에게 알려지지 않은, 이해하기 힘든 거버넌스라고 지적하면서 "국가 보조금을 독식하다시피 하고 관련 사업 다수를 수행하는 비영리 재단"(16호, 190쪽)이라고 비판한다. 그러나 이러한 주장은 부마항쟁 관련 예산을 부마민주항쟁기념재단이 독식하고 있고, 제주 4·3 관련 예산을 제주4·3평화재단이 독식하고 있다고 비난하는 것과 다를 바가 없다.

저자는 반론의 마지막 문단에서 시민군의 주력이 평범한 시민이었음에도 "5·18과 관련된 언어는 진보 진영 엘리트들이 차지해 왔다"(16호, 191쪽)라고 쓰면서 다시금 5·18기념재단의 구술 생애사가 무명의 시민군이 아니라 교육자, 사회 활동가, 공무원, 농민 운동가 등을 다룬다고 지적한다. 하지만 항쟁의 수많은 참여자들은 평범한 시민과 진보 엘리트 진영으로만 나눌 수 있을 만큼 단순하지 않다. 반론의 마지막 문단은 다큐멘터리 〈김군〉(2019)의 예를 들며 5·18에서 외부자의 시각의 중요성을 강조하면서 "지역에 부족한 건 비판적 시민단체가 아니라 평범한 시민의 목소리로 보인다"(16호, 191쪽)라고 말하며 끝을 맺는다. 이러한 문장은 저자 자신을 외부자로 비유하고 나를 비판적 시민사회의 일원인 것으로 비치게 한다. 비판적 시민단체와 평범한 시민은 이런 방식으로 구별되어도 좋을까?

나는 광주로 유학하기 위해 떠나왔던, 부모님이 여전히 살고 있는 고향의 문제점들을 들을 때 답답한 마음이 들고는 한다. 왜 인구가 줄어들고 발전의 여력이 없는데도 지방자치단체는 생산보다는 축제와 일회성 이벤트에 돈을 쓰고 지속성 없는 엉뚱한 정책을 펴는지 당혹스러울 때가 있다. 이미 외부자임을 인정하면 그렇게 애증이 교차하는 생각들이 다스려진다. 고향이 문제투성이로 비칠지라도 그곳에서 살아가는 이들의 삶과 내가 미처 모르는 잠

재성은 존중되어야 한다. 저자 또한 광주를 떠나 서울에서 살아가
는 날들이 더 길어졌기에 이러한 나의 마음과 크게 다르지 않으리
라 믿고 싶다. 서리북

박경섭
전남대학교 문화인류고고학과 강사, (재)5·18기념재단 5·18국제연구원 연구위원,
(사)지역공공정책플랫폼광주로 이사.

고전의 강

서울
리뷰 오브
북스

THE
SOCIETY
OF
MIND

─ 마음의 사회 ─

마빈 민스키 지음 | 조광제 옮김

'AI의 아버지' MIT 마빈 민스키 교수 대표작 한국어 완역본 최초 출간!

뉴욕타임스 선정
올해의
주목할 도서

정재승, 김대식
교수 추천

"인공지능에 대한 지나친 공포와 어리석은 오해가 난무하는
이 시대를 살아가는 모든 이들을 위한 명저."
정재승 교수, 뇌공학자

새로운현재

『마음의 사회』
마빈 민스키 지음, 조광제 옮김
새로운현재, 2019

지능은 블록처럼 조립될 수 있는가

권석준

인공지능이 동반자가 되고 있는 사회

오늘날 인공지능(Artificial Intelligence, AI)에 대해 이야기하는 사람들 대부분은 챗GPT(ChatGPT)류의 생성형 인공지능(Generative AI)을 먼저 머릿속에 떠올린다. 불과 3-4년 전만 해도 거대 언어 모델(Large Language Model, LLM)은 소수의 관련 분야 연구자들 사이에서만 알려져 있던 첨단 인공지능 이론의 개념이었지만, 이제는 초등학생들도 학교 숙제를 하기 위해 인터넷에서 쉽게 접속하여 사용할 수 있는 간편한 소프트웨어가 되었다. 전문가들뿐만 아니라 이제 일반 대중도 인공지능에 익숙해지고, 이에 비례하여 그 활용처가 넓어지고 있는 것은 그만큼 인공지능 기술, 특히 정보를 검색하거나 해석하는 것을 넘어 생성하고 예측하는 알고리즘 분야의 발전 속도가 매우 빠르고, 비용 측면에서도 접근성이 높아졌기 때문이다. 이는 아직 10년도 채 되지 않은 2016년의 알파고(AlphaGo) 충격으로 대표되는 딥러닝(Deep Learning)이 이제는 너무 많이 언급되어 식상한 개념처럼 느껴지는 것에서도 대변된다.

　최근 10여 년간 인공지능이 보이고 있는 급격한 발전 추세만

거대 언어 모델

거대 언어 모델은 텍스트 데이터를 기반으로 자연어(사람들이 쓰는 일상 언어)를 컴퓨터가 쉽게 이해하고 생성할 수 있도록 만든 인공지능 모델을 의미한다. 거대 언어 모델이 학습 대상으로 삼는 텍스트 범위는 신문 기사부터 불특정 다수의 SNS 게시물, 논문이나 특허 같은 전문 지식 자료, 문학 작품을 망라한다. 거대 언어 모델이 단순히 텍스트 수집 기계 이상의 성능을 발휘할 수 있는 이유는 이들이 언어 속에 숨겨진 맥락도 파악할 수 있기 때문이다.

놓고 본다면 인공지능은 고속도로를 달리듯 빠르게 발전해 온 것처럼 느껴진다. 그렇지만 사실 인공지능 기술은 생각보다 느린 속도로 발전해 왔으며, 인공지능 연구 자체가 빙하기처럼 소강상태를 맞았던 적도 몇 번이나 있었다.* 만약 그러한 빙하기 속에서 인공지능 연구, 특히 인공신경망(Artificial Neural Network, ANN)에 기반한 연구가 사장되었다면 오늘날 우리가 목도하고 있는 강력한 성능의 인공지능은 출현할 수 없었을 것이다. 딥러닝의 출현이 한참이나 뒤로 미뤄졌을 것이기 때문이다.

인공지능이 현대적 의미의 독립된 학문 분야로 기틀이 잡히기 시작한 것은 20세기 중반부터다. 영국의 수학자 앨런 튜링(Alan Turing)은 인공지능이라는 단어가 생겨나기도 전인 1950년에 발

---

* 인공지능 연구 분야의 빙하기는 인공지능의 성능에 대한 과도한 기대와 그에 못 미치는 실적으로 인한 연구비·연구 인력의 감소, 스타트업 회사들의 연이은 부도 등이 연쇄적으로 발생하며 연구 커뮤니티 자체가 쪼그라들었던 시기를 의미한다. 인공지능 연구의 역사를 살펴보면 큰 빙하기가 두 번 있었다. 첫 번째 빙하기는 1974-1980년, 두 번째 빙하기는 1987-2000년이다. 후술하겠지만, 이 서평이 다루는 책인 『마음의 사회』(1986)의 저자 마빈 민스키는 이 두 번의 빙하기와 직간접적으로 연계된 인공지능의 대부이기도 하다. 특히 그의 책이 출판된 시점은 두 번째이자 마지막 빙하기였던 시기와 일치한다.

딥러닝

딥러닝은 사람의 뇌를 본떠 만든 인공신경망을 기반으로 컴퓨터가 정보를 학습하고 처리할 수 있도록 만든 알고리즘을 의미한다. '딥'이라는 수식어가 앞에 붙은 이유는 이 인공신경망의 깊이가 문자 그대로 깊은 층으로 이루어져 있기 때문이다. 각 층은 입력받은 정보에 대해 다양한 각도에서 분해, 재조합, 특징 추출 등의 기능을 수행하며, 일반적으로 이러한 층의 깊이가 깊을수록 더 강력한 성능을 발휘할 수 있는 것으로 알려져 있다.

표한 「계산 기계와 지능」*이라는 제목의 논문에서 '스스로 생각하는 기계'라는 개념을 처음 창안했는데, 이로 인해 튜링은 인공지능의 선구자로도 불린다. 마빈 민스키(Marvin L. Minsky)는 그의 뒤를 이어 인공지능 분야의 연구 기반을 본격적으로 조성한 사람 중 하나이다. 그리고 그의 생각을 집약해서 보여 주는 책이 『마음의 사회』이다.

마빈 민스키의 생애

1927년 8월 미국 뉴욕의 유대인 가정에서 태어난 마빈 민스키는 어려서부터 수학에 소질을 보인 천재 소년이었다. 그러나 그는 고등학교 졸업 이후 바로 대학에 진학하지 않았다. 브롱크스 과학 고등학교를 거쳐 보스턴 북쪽에 위치한 앤도버 아카데미를 졸업하자마자 겨우 열일곱 살의 나이에 해군에 입대한 그는 2차 세계대전에도 참전한 특이한 경력을 가지고 있다. 제대 직후 민스키는 1946년 하버드대학에 진학하여 수학을 전공했으며, 1950년 졸

---

* Alan Turing, "Computing Machinery and Intelligence", *Mind* 49, 1950, pp. 433-460.

업 후에는 프린스턴대학에 진학하여 1954년에 수학 박사 학위를
받았다. 박사 학위 취득 직후 그는 다시 하버드대로 돌아와 3년 정
도 박사후 연구원 자격으로 인공지능의 수학적 이론을 정립하는
연구를 발전시켰다. 이는 그가 평생 천착한 인공지능 연구의 기반
을 형성하는 것이기도 했다.

　　2차 세계대전 직후, 튜링머신의 수학적 구현과 지능의 수학
적 해석에 흥미를 가졌던 민스키가 프린스턴대와 하버드대에서
수학을 공부하던 시절에는 사실 전자계산학과 지능의 관계가 명
확하게 정립되어 있지 않았다. 그렇지만 민스키에게는 이러한 문
제를 깊게 다루기 위해 토론할 수 있는 좋은 동료들이 주변에 있
었다. 박사 과정 1년 차 시절 그는 불과 24세의 나이로 당시 동
기였던 딘 에드먼즈(Dean Edmonds)와 함께 학습하는 기계(Stochastic
Neural Analog Reinforcement Calculator), 일명 'SNARC'를 개발했다. 민
스키는 SNARC의 구현 방법을 발전시켜 인공 뇌 모형에 적용하
는 이론적 모델에 대한 내용을 바탕으로 프린스턴대에서 박사 학
위를 취득한다. 하버드대 박사후 연구원 생활을 끝내고 1957년
부터 몸담은 첫 직장이자 평생직장이기도 했던 매사추세츠 공과
대학(Massachusetts Institute of Technology, MIT)에는 정보 이론(Information
Theory)의 아버지라 불리는 클로드 섀넌(Claude Shannon), 그리고 민스
키와 동갑내기이며 프린스턴대 동창으로 인공지능이라는 용어를
처음 사용한 컴퓨터과학자인 존 매카시(John McCarthy)가 있었다.*

---

* 인공지능이라는 용어는 1956년 존 매카시, 마빈 민스키, 나다니엘 로체스터, 클로
드 섀넌 등이 참석한 다트머스 워크숍(Dartmouth Conference)에서 탄생했다. 당시
이 워크숍에서 탄생한 인공지능 개념은 기호주의적(symbolic) 관점에서 정의된 것
이었다. 다트머스 워크숍은 현재 인공지능 분야의 대표적 학회인 전미인공지능학회
(Association for the Advancement of Artificial Intelligence, AAAI)로 성장했다.

1968년 마빈 민스키가 설계, 개발한 로봇 팔. 민스키는 물체를 보고 독립적으로 위치를 파악하여
조작할 수 있는 컴퓨터 시스템을 개발하기 위해 이 로봇 팔을 설계했다.(출처: 위키피디아)

민스키는 존 매카시와 합심하여 '인공지능 프로젝트'를 발족하면서
1959년 MIT에 세계 최초의 인공지능 전문 연구 그룹인 'MIT
인공지능 연구소(MIT AI Lab)'를 창립했는데, 이는 현재에도 MIT
내에서 인공지능 분야 연구의 중심으로 자리 잡은 '컴퓨터 과학
및 인공지능 연구소(Computer Science and Artificial Intelligence Laboratory,
CSAIL)'의 전신이 된다.

　　세계적 수준의 이공계 연구 중심 대학에 속해 있었던 만큼,
MIT 인공지능 연구소는 주로 수학이나 컴퓨터과학 같은 이론적

으로 첨예한 분야를 다루었을 것 같지만, 당시 민스키가 생각하던 인공지능의 범위는 그보다 더 넓었다. 민스키는 컴퓨터과학, 수학, 전자계산학뿐만 아니라 인지과학, 심리학, 신경과학 등 다양한 전공 분야로도 관심을 넓혀 그가 꿈꾸던 인공지능 연구를 전방위적이고 융합적으로 시도하려 했다. 이런 관점에서 본다면 민스키의 관심은 '인공지능'보다는 '지능' 그 자체에 있었다고 보는 것이 맞을 것이다. 현재의 인공지능 관련 연구 역시 컴퓨터과학 중심으로 흘러가고는 있으나, 연구 방법론은 다양한 분야의 학문과 영향을 주고받는다. 실제로 MIT 인공지능 연구소 출신의 과학자들은 인지과학, 신경과학, 생물학, 의학 등 다양한 인접 분야에 진출하여 인공지능의 적극적 보급에 앞장서 왔는데, 민스키가 가졌던 융합적 학문으로서의 인공지능이라는 비전이 지속적으로 효과적인 학문적 바탕을 만들어 주었다고 볼 수 있다.

　　민스키의 학문적 여정은 반세기 넘게 지속되었고, 인공지능 분야에서 후학을 다수 양성하며 컴퓨터과학이나 인공지능 분야는 물론, 인지과학, 심리학, 그리고 철학을 포함한 다양한 분야에 영향을 미쳤다. 프로 바둑 기사 이세돌과 알파고의 세기의 대결이 벌어지기 불과 두 달 전인 2016년 1월 보스턴 자택에서 눈을 감을 때까지 민스키는 연구에 대한 열정을 놓지 않았으며, 수백 편의 논문과 더불어 『마음의 사회』, 『퍼셉트론(*Perceptrons*)』(1969), 『감정 기계(*The Emotion Machine*)』(2006) 같은 인공지능 분야의 고전이라 불리는 저작을 다수 남겼다.

에이전트와 모듈화

인공지능 분야의 대부 중 한 사람으로서 민스키는 단순히 학문적 융합뿐만 아니라 하나의 독립된 학문으로서 인공지능 연구를 추

민스키는 단순한 블록들을 조합해 복잡한 모양의 스포츠카를 만들 수 있는 것처럼, 인간의 지능도 단순한 기본 단위들의 연결을 통해 구현할 수 있다고 생각했다.(출처: iStock)

구했다. 이를 위해 그는 초기부터 이론적 기반을 형성하는 다양한 개념을 제안했다. 앞서 언급했듯, 민스키가 1950-1980년대에 주로 천착한 연구 분야는 인공지능이라기보다는 지능 자체였다. 특히 민스키는 인간의 전유물로만 생각하던 지능의 핵심, 특히 그 중에서도 사유나 심리, 의도 등이 기계적인 기능을 담당하는 기초 요소들의 집합으로 재구성될 수 있다고 생각했다. 그리고 그는 1986년 발표하여 인공지능 분야의 고전이 된 대표작 『마음의 사회』에서 이러한 생각을 구체화하며 '마음의 사회(Society of Mind)'라는 개념을 제안했다.

　『마음의 사회』에서 정의한 '마음'은 여전히 많은 사람들에게 '지능'의 동의어로 인식되고는 하나, 그가 의도했던 마음의 진짜 정의는 '행위자(혹은 에이전트(agent))'들의 집합에 더 가깝다. 여기서 말하는 행위자는 '하나의 작은 기제(mechanism) 프로그램'을 의미한다. 이러한 기제나 프로그램은 정해진 목표나 규칙에 따라 아주 제한적인 기능만 반복적으로 수행하지만, 그러한 작업이 축적되고 연결되면 훨씬 더 세련되고 복잡한 기능을 수행할 수 있다. 비유하자면, 개개의 레고 블록은 매우 단순한 형태에 불과하지만, 이 블록들을 수천, 수만 개 조립하면 정교한 스포츠카 모형(심지어는 작동도 할 수 있는)을 만들 수 있는 것과 같다.

여기서 주목해야 할 부분은 레고 블록들이 최종 결과물인 스포츠카 자체인 것은 아니라는 점이다. 민스키가 이야기하는 행위자 역시 마음이라는 복잡한 대상을 구성하기 위해 서로 맞물려 상호작용해야만 하는 기본 단위들이다. 개개의 블록을 조립해 정교한 스포츠카를 만들어 낼 수 있는 것처럼, 행위자들 개개는 비지능적 단위일 뿐이지만, 이들을 연결하면 지능 같은 고도로 복잡한 기능도 구현할 수 있다는 것이다. 탄소 원자나 탄소, 질소, 수소 원자들이 연결된 단백질 분자 자체는 생명체로 볼 수 없지만, 이들이 수없이 연결되어 구성되면 식물이나 동물 같은 생명체를 이룰 수 있는 것과 같다.

인공지능이 하나의 학문 분야로 발전할 수 있게 이론적 기반을 구성하는 데『마음의 사회』가 가장 크게 기여한 점은 바로 이 상호작용을 토대로 모듈화(modularity)라는 개념을 논리적으로 구성한 것이다. 모듈화는 레고 블록들을 미리 여러 개 조립하여 조금 더 큰 덩어리 혹은 기능을 할 수 있는 유닛을 만든 후, 그 유닛들을 다시 연결하여 더 복잡한 기능을 할 수 있는 시스템을 만드는 것과 비슷하다. 모듈화가 중요한 까닭은 인간의 사고, 감정, 의식을 포함한 지능이라는 고차원적인 기능이 단순한 유닛들의 체계적인 연결을 통해 이룩될 수 있다는 것을 보장하기 때문이다.

민스키가『마음의 사회』에서 제시한 비전은 지능을 단일 프

기호주의

기호주의는 수학적 논리를 토대로 인간의 지능을 재구성할 수 있다고 보는 (혹은 인간의 지능을 구성하는 구조를 파악할 수 있다고 보는) 관점이다. 오늘날 딥러닝은 기호주의의 반대편 진영인 연결주의의 핵심 개념인 인공신경망에 기반을 두고 있으며, 트랜스포머나 거대 언어 모델 등으로 급격한 발전을 이루고 있지만, 여전히 지능의 구현 과정에 대한 설명 가능성이 제한된다는 점(이를 이른바 블랙박스(black box)라고 부른다)에서 기호주의 진영의 공격을 받는다.

로세스 혹은 함수가 아닌, 각각의 역할을 할 수 있는 '지능 조각'들의 상호작용으로 보는 것이었는데, 바로 이 조각들이 행위자들이 엮여 구성되는 모듈이다. 복잡한 기능이 하위 조각으로 나뉠 수 있다는 것은 바로 이러한 모듈화가 결국 연산의 '분산화'를 위해 필수적인 개념임을 의미한다.

딥러닝이라는 결과로 구현된 연결주의와 퇴색하는 기호주의

민스키가 제시한 인공지능에 대한 아이디어는 인공지능 내에서 대립해 온 기호주의(Symbolism)와 연결주의(Connectionism)의 맥락에서도 조망해 볼 필요가 있다. 1950년대 이후 최근까지도 인공지능 연구는 마빈 민스키로 대표되는 기호주의와 프랭크 로젠블라트(Frank Rosenbladt)로 대표되는 연결주의의 대립 구도가 형성되어 있다.

기호주의는 지식을 인간이 이해할 수 있는 방식으로 표현하고 이 표상을 통해 논리 추론이나 규칙 기반 의사결정을 수행할 수 있다고 주장한다. 예컨대 기호주의에서 이야기하는 전문가 시스템(expert system)은 '조건 A, B, C가 참이면 결론 D를 도출할 수 있음' 같은 규칙들을 미리 기술해 놓을 수 있고, 이러한 규칙들을 이용하

연결주의

연결주의 또는 연결주의 모델은 인공 신경망을 사용하여 마음 현상 또는 심리적 기제를 과학적으로 구체화하며 접근하는 연구 방법론이다. 프랭크 로젠블라트가 창안한 인공지능 연구 방법론으로, 이른바 퍼셉트론이라 불리는 인공신경망에 기초한다. 로젠블라트는 1957년 인간의 뇌 신경 세포(뉴런)를 모방한 네트워크 구조의 퍼셉트론을 제안했다.

여 시스템이 내린 결론을 역추적할 수 있다고 주장한다. 즉, 인공지능이 어떤 결정을 내리더라도, 그 결정 이면에 있는 논리 구조를 설명할 수 있다고 본다. 반면 연결주의는 지능적 정보 처리가 수많은 단순 처리 요소(예를 들어 뉴런)들이 연결된 네트워크에서 병렬적, 분산적 상호작용을 통해 학습하고 표현할 수 있다고 주장한다. 민스키는 기호주의의 대부 격으로, 그가 제시한 에이전트 개념은 논리 추론이나 규칙 기반의 정보 처리 단위로 이해할 수 있다.

　흥미로운 것은 민스키가 제안한 행위자, 그리고 이들이 연결된 시스템에 기반한 지능 개념이 오히려 최근에는 연결주의 커뮤니티에서 훨씬 구체적으로 실현되고 있다는 점이다.* 최근 주목받는 챗GPT류의 거대 언어 모델에서는 아예 인공지능 에이전트들로 연결된 일종의 인공지능 운영 체제(Operating System, OS) 개념도 제시되고 있다. 즉, 각 기능에 특화된 거대 언어 모델 알고리즘을 일종의 독립된 모듈로 보고, 이들을 엮어서 범용 인공지능(Artificial

---

* 연결주의 관점에서는 지능적 정보 처리가 수많은 단순 처리 요소(예를 들어 뉴런)들이 연결된 네트워크에서 병렬적, 분산적 상호작용을 통해 학습하고 표현할 수 있다고 주장한다. 이는 복잡한 인지나 지능은 복잡한 네트워크의 연결에 기반한 병렬적 상호작용을 통해 자연스럽게 창발(emergence)된다는 가정에 기반한다. 이를 다른 각도에서 본다면 기호주의에서는 창발로 관찰되는 현상을 설명하기 어렵다는 뜻이기도 하다.

General Intelligence, AGI)에 도달할 수 있는 종합 운영 체제를 만들 수 있다는 이론이 나오고 있는 것이다. 사실 이러한 범용 인공지능을 논하기 전에, 심층 신경망(Deep Neural Network, DNN), 다시 말해 딥러닝부터가 이러한 인공 뉴런들의 연결체라고도 볼 수 있다. 딥러닝은 여러 층으로 이루어진 네트워크로 표현된 복잡한 회귀 분석 함수를 신경망처럼 구현한 것이기 때문이다. 각 층에 할당된 가중치 파라미터는 학습 과정에서 조정되는데, 신경망을 구성하는 노드들은 각 층에서는 물론, 다른 층의 노드와도 연결되며 조정이 이루어진다.

딥러닝 이면에 있는 민스키의 기호주의

알파고 이후 지금 인공지능 업계의 최대 이슈이자 성장 엔진이 되고 있는 파운데이션 모델(Foundation Model)에 이르기까지, 그 배경에는 딥러닝이 있다. 그리고 딥러닝은 잘 알려진 것처럼 인간의 뇌를 흉내 낸 인공신경망에 기반을 둔다. 쉽게 이야기하자면, 인공신경망은 네트워크를 이루는 수없이 많은 개별 노드(뉴런)들 사이에서 진행되는 사칙연산 결과들의 총합과 이를 통계 처리하는 작업의 반복으로 만들어진 시스템이다.

  민스키의 정의에 따르면, 이 노드들은 기본적으로는 에이전트로도 정의될 수 있다. 층위를 늘려 보자. 노드 사이의 연산은 상호작용으로 볼 수 있다. 그리고 연산들이 모여 만들어진 합성곱 신경망(Convolution Neural Network, CNN)이나 그래프 신경망(Graph Neural Network, GNN) 같은 네트워크는 하나의 독립된 모듈로 고려할 수 있다. 마지막으로 학습이 업데이트될 때마다 통계 처리되면서 이전의 결과와 비교하여 결과를 업데이트하는 것은 모듈화된 기능들이 고차원 단계에서 병렬로 수행되는 것(혹은 고차원 기능이 여러 모듈들

파운데이션 모델

파운데이션 모델은 한 번의 대규모 학습으로 텍스트, 이미지, 음성 등 다양한 형태의 데이터(이를 멀티모달(multimodal) 데이터라고도 부른다)를 종류에 상관없이 하나의 공통된 기반 위에서 처리하고 생성하는 인공지능 모델을 의미한다. 챗GPT 같은 거대 언어 모델도 파운데이션 모델의 일종으로 볼 수 있다.

로 분산되는 것)으로 이해할 수 있다. 현재 오픈AI(OpenAI) 같은 인공지능 연구의 선두 주자들이 주장하는 것처럼 수십, 수백조 개에 이르는 거대한 규모의 파라미터로 이루어진 신경망은 이미 범용 인공지능 단계에 도달했을지도 모른다고 추정된다. 만약 이러한 추정이 사실이라면 민스키는 인간의 지능과 반드시 똑같지는 않더라도, 분명히 '지능'이라고 능히 부를 수 있는 시스템의 핵심에 대해 이미 거의 반세기 전에 통찰하고 있었다는 뜻이 된다. 다만 그것은 자신이 주장하던 설명 가능한 방식을 따르는 규칙에 기반한 행위자들의 상호작용이 아닌, 창발적 출현을 가능하게 하는 심층 신경망에서 비롯되었다는 것이 차이점일 뿐이다.

　민스키가 『마음의 사회』에서 제시한 또 다른 중요한 개념은 바로 기호주의 인공지능이다. 인공지능의 역사를 살펴볼 때, 민스키가 책을 펴낸 1980년대 후반은 민스키를 중심으로 하는 기호주의와 프랭크 로젠블라트를 중심으로 하는 연결주의가 대립하던 시기다. 민스키의 기호주의는 오늘날 딥러닝의 토대가 되는 인공신경망의 핵심 이론적 배경에 해당하는 연결주의, 특히 퍼셉트론(Perceptron)* 개념을 공격하는 대립 이론이라는 세간의 인식이 있

---

* 퍼셉트론은 인공신경망의 가장 기본적인 형태로, 단일 계층(one-layer)에서 작동하는

다. 특히 민스키의 기호주의가 연결주의의 한계를 단층 퍼셉트론의 수학적 불완전성*에 국한 짓는 바람에 1980년대 후반부터 무려 2000년대 초반까지 이어진 인공지능 커뮤니티의 긴 빙하기를 불러왔다는 비판적 시각도 있다.** 그렇지만 그러한 인식과는 달리, 민스키로 대표되는 기호주의는 연결주의와 대척점에 있는 개념 혹은 연결주의를 완전히 배격하는 개념으로만 보기는 어렵다. 오히려 『마음의 사회』에서 민스키가 주장한 에이전트들의 상호작용은 반드시 에이전트들의 '연결'과 연결 이후의 '모듈화'를 내포하기 때문에 어떤 면에서는 연결주의와 긴밀하게 이어지는 개념이라고도 볼 수 있다.***

물론 그렇다고 해서 민스키가 주장한 기호 기반의 개념이 단순히 연결주의로 환원될 수 있는 것은 아니다. 이는 현대의 인공지능을 이해하는 접근법 중 하나인 신경-기호(Neural-Symbolic) 접근 방

이진 분류 모델이다. 1957년 프랭크 로젠블라트가 처음 제안한 것으로, 생물학적 뉴런의 신호 전달 및 수신 동작을 선형함수로 단순화하여 구현한 최초의 인공신경망 모델 중 하나다.

* 단층 퍼셉트론은 수학적으로 배타적 논리합(Exclusive OR, XOR) 같은 논리 연산을 할 수 없음이 민스키에 의해 증명되었다.

** 실제로 민스키가 시모어 페퍼트(Seymour Papert)와 같이 퍼셉트론의 한계를 지적하며 연결주의를 비판한 『퍼셉트론』을 출판한 후 인공지능 커뮤니티 전체가 쪼그라들면서 로젠블라트로 대표되던 연결주의 진영은 빙하기를 맞았다. 연결주의의 빙하기는 딥러닝의 대부라 불리는 제프리 힌턴(Geoffrey Hinton)이 1986년 다층구조 퍼셉트론(multi-layer perceptron)과 역전파 알고리즘(back propagation algorithm)을 발표하면서 해소되었다.

*** 물론 로젠블라트의 연결주의는 퍼셉트론 같은, 이를테면 현대의 딥러닝 등의 배경이 되는 인공신경망의 에이전트와 연결 개념을 수학적으로 정확히 정의했고, 실제로 그를 기반으로 하여 정보 분류 등의 기능을 스스로 학습할 수 있다는 점을 실증했다는 점에서, 민스키가 추상적으로 제안한 에이전트나 에이전트들의 상호작용과는 명확히 구분된다.

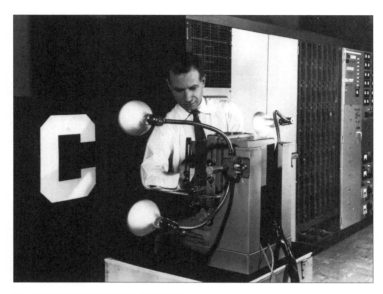

1960년, 프랭크 로젠블라트.(출처: 위키피디아)

법*에 정확히 대응하는 개념이라고 볼 수 있기 때문이다. 신경-기
호 접근은 에이전트들의 상호작용, 상호작용하는 조각들, 조각들
의 융합 같은 계층적 요소들이 단계별로 결합되게 하는 설계의 관
점뿐만 아니라, 그들이 엮이는 계층 구조가 지능의 또 다른 한 축
이 된다고 이해한다.** '에이전트-모듈-모듈의 집합-지능'으로 이

---

* 인간의 지식을 기호화해 컴퓨터에 입력하면 인간과 똑같은 출력을 만들 것이라는 개
념이다.
** 이러한 개념은 구글 딥마인드(Google DeepMind)의 창립자이자 2024년 노벨 화학
상 수상자이기도 한 데미스 허사비스(Demis Hassabis)가 2001년에 창안한 '상세함의
수직계층화(Level of Detail, LoD)' 개념과도 일맥상통한다. LoD는 인공지능을 구성하
는 에이전트들의 개별, 집합, 그 상위의 집합 등으로 이루어진 계층 구조를 기반으로 하
여 컴퓨터 연산 자원을 효율적으로 활용할 수 있는 방법론을 의미한다. 허사비스는 '리
퍼블릭(Republic)'이라는 게임을 만들면서 이 게임 안에서 인간의 정치 행위를 시뮬레
이션하기 위한 기법으로 에이전트들의 LoD를 활용했다.

어지는 구조만 놓고 본다면 민스키가 주장한 기호주의 인공지능의 핵심은 바로 이러한 계층 구조를 의미하는 것이 아닌가 생각할 수도 있지만, 민스키가 시도한 신경-기호 접근은 그 구조의 계층을 구분하는 기준에 더 초점을 맞춘다.

이는 그가 주장한 프레임 이론(Frame Theory)*과도 연결된다. 여기서 말하는 프레임이란 모듈들이 엮이는 일종의 구속 규칙, 즉 맥락을 의미한다. 예를 들어, 인간을 구조적으로 분석한다고 가정해 보자. 그렇다면 인간을 원자-분자-핵산-단백질-세포-조직-기관-인간 등으로 점차 범위를 넓혀 가며 구분할 수 있을 것이다. 이렇게 구분할 수 있는 기준은 무엇인가? 그것은 원자라는 에이전트가 엮여서 분자라는 또 다른 에이전트로, 또 분자라는 에이전트가 엮여서 핵산이라는 보다 복잡한 단위로 발전하는 것을 가정한다. 이때 하위 에이전트가 엮여서 상위 에이전트가 되는 것이 정당화되려면 하위 에이전트에서는 가능하지 않은 기능이 상위 에이전트로 엮이면서 획득되어야만 한다. 예를 들어 DNA 같은 핵산은 유전 정보를 코딩할 수 있지만, 유전 정보를 엮어서 저장할 수 있는 기능은 단백질에서 획득된다. 여기서 단백질은 유전 정보를 코딩하는 핵산들의 생산이나 소멸에 직접적으로 영향을 미치는데, 이러한 피드백은 일종의 맥락이라고 볼 수 있다. 물론 이러한 구분

---

* 민스키는 1970년대 중반, 지식 표현(knowledge representation)의 이론적 체계를 구축하기 위해 프레임 개념을 창안했다. 이는 인간이 어떤 사물이나 상황을 이해하고 기억할 때 사용하는 일종의 틀(스키마) 같은 구조를 의미한다. 예를 들어 상대방이 나에게 '저녁에 햄버거 먹으러 가자'라고 이야기하면 듣는 사람의 머릿속에서는 가게 방문-메뉴 선택-주문-식사-계산 등의 일련의 과정이 패키지처럼 사고될 것이다. 이러한 패키지 과정을 실행하는 절차를 프레임으로 볼 수 있다. 후술할 온톨로지 개념과도 연계된다.

온톨로지

컴퓨터과학에서 이야기하는 온톨로지는 인공지능이나 지식 표현에서 주요 개념과 관계를 체계적으로 명확하게 구분하여 정의한 지식 구조 체계를 의미한다. 예를 들어 쿠팡 같은 전자 상거래 업체에서는 수많은 제품들을 분류할 때 기능, 브랜드, 제조지 등에 따라 고유한 코드를 부여하여 하나의 기호로 표시하는데, 이러한 코드들의 집합과 설명 체계가 온톨로지의 한 사례로 볼 수 있다. 이는 사람의 이해보다는, 컴퓨터를 위한 것이다. 컴퓨터가 비정형 정보를 최대한 효과적으로 빠르고 정확하게 처리할 수 있도록, 코드를 잘게 쪼개어 입혀 구성한 개념으로 볼 수 있다. 민스키가 정의한 인공지능 개념에서는 지식의 표현과 구조화가 중요한데, 이는 온톨로지의 의미와 연결된다. 특히 민스키가 제안한 프레임 개념은 온톨로지의 원형으로도 볼 수 있다. 왜냐하면 민스키가 정의한 프레임은 그 안에서 인공지능이 상황과 사물을 이해하고 추론하는 데 필요한 기반 역할을 하는 개념이기 때문이다.

은 현재 생물학에서 이야기하는 센트럴 도그마(Central Dogma)*에서 잘 정립된 지식이 있기 때문이다. 민스키가 주목한 것도 지능의 한 축에는 이러한 도메인 지식의 잘 정립된 구조학, 즉 온톨로지(Ontology)가 있어야 한다는 것이고, 이 온톨로지가 에이전트들의 계층 구조에 반영되어야 한다는 것이었다.

기호주의는 블랙박스 문제를 해결할 것인가

사실 이는 현대 딥러닝의, 이제는 일반적으로도 널리 알려진, 이른바 '블랙박스 문제'와도 연결된다. 거대한 신경망 내 수십조 개의 차원 속에서 함축적으로 지식이 처리되고 추론으로 이어지는 전체 과정을 일일이 추적하는 것도 어렵지만, 그렇게 추적될 수 있다고 해도 일련의 계산이 도대체 어떻게 그럴듯한 정보의 생성으로

---

* 생물학에서 유전 정보가 DNA-mRNA-단백질로 이전되는 과정을 설명하는 핵심 이론.

이어질 수 있는지에 대한 전체 논리 흐름은 마치 어둠 속에서 길을 찾지 못하는 것처럼 여전히 파악하기 어렵다. 특히 요즘처럼 수십, 수백조 개의 파라미터로 구성된 심층 신경망에서 관찰되는 지식의 창발을 인간의 논리적 규칙이나 추론을 이용하여 추정하는 것은 사실상 불가능하다. 민스키가 제안한 프레임 같은 기호주의의 개념이 현대의 인공지능 작동 방식 설명에 기여할 수 있는 것이 있다면, 그것은 바로 이러한 블랙박스 이면에 수학적으로 추상화된 정보의 흐름을 설명할 수 있는 능력이 될 것이다. 다시 말해, 딥러닝 내부에서 정보가 처리되는 방식을 단순한 무작위적 연결에 가까운 회귀 분석의 연속으로만 고려할 것이 아니라, 하나의 틀을 통해 혹은 그 틀을 거쳐서 나오는 과정으로 설명할 수 있어야 한다는 뜻이다.

실제로 민스키의 기호주의와 에이전트 개념은 지식(규칙, 논리, 기호)을 명시적으로 표현하고 추론하는 방식을 추구하기 때문에, 이러한 관점에서 인공지능이 구현된다면 그 인공지능이 만들어 내는 정보의 창출 과정은 인간도 어느 정도 이해할 수 있어야 할 것이다. 최근의 딥러닝 기반 인공지능은 연결주의에 입각하여 거대한 심층 신경망이 학습한 후 추론한 결과물에 의존하게 되어, 인간은 그 신경망에서 나오는 정보의 창출 과정에 어떠한 논리와 규칙이 작용하고 있는지 알기 매우 어려워졌다. 만약 민스키의 기호주의가 딥러닝의 대표적 맹점인 블랙박스 문제를 어떤 식으로든 해결할 수 있다면, 그것은 이른바 '설명가능 인공지능(Explainable AI, XAI)'의 대안으로 고려될 수 있을 것이다. 특히 인공지능을 의료, 법률, 금융 등의 고위험 영역에서 활용할 경우, 인공지능이 만든 의사결정 결과물은 인간이 납득할 수 있는 수준의 설명 가능성이 반드시 수반되어야 한다. 고성능 GPU와 거대 언어 모델로 무장한 파운데이션 모델은 놀라운 정보 창출 능력에 비해 그러한 설명 가능성을 충분히 보장하지 않고 있으므로, 이에 대한 대안 중 하나로 민스키의 기호주의 인공지능이 언급되고 있는 것은 어찌 보면 자연스러운 일이다.

물론 민스키가 『마음의 사회』에서 제안한 이론과 개념 전체가 현대의 인공지능 연구자들에게 설명가능 인공지능을 위한 금과옥조로 받아들여지는 것은 아니다. 민스키가 제안한 온톨로지 개념과 에이전트들의 상호작용 개념이 정확히 어떻게 구조화되는지, 그 상호작용이 왜 더 고도의, 혹은 상위 계층의 새로운 기능 획득으로 연결되는지에 대한 논증은 이뤄지지 않았기 때문이다. 민스키는 고도로 훈련받은 수학자였지만, 수학자들이 강박적으로 매달리는 정리와 증명을 엄밀하게 내놓지는 않았으며, 상당수의 개념과 서술을 은유 혹은 직유에 가까운 방법으로 얼기설기 연결해서 제시했다. 즉, 민스키의 개념들 상당수는 수학적, 컴퓨터과학적 관점에서 엄밀하게 정량화하기 어려우며, 단지 이에서 영감을 받은 학문 후속 세대들이 이를 다양한 알고리즘으로 구현했을 뿐이다. 우리는 그러한 구현 사례 중에 현재까지 가장 성공한 대표적 사례로 딥러닝을 목도하고 있으며, 그 딥러닝을 기반으로 거대 언어 모델이 매일같이 충격적인 발전 양상을 보여 주는 시대에 살고 있을 뿐이다.

사실 민스키가 인공지능을 집중적으로 연구하던 1950년대 후반부터 1980년대 후반까지의 상당 기간은 이른바 인공지능의 빙하기로 불리던 시기이다. 민스키가 제안한 개념들은 인공신경망에서 제대로 구현될 수 없었는데, 이는 당시의 컴퓨터 하드웨어 성능의 한계 때문이기도 했지만, 그보다 민스키 자신은 인공신경망이 자신이 구상하던 온톨로지와 기호주의 인공지능과는 어울리지 않는다고 생각했기 때문일 것이다. 그 자신은 마음의 사회 이론의 핵심 개념으로 에이전트를 제안했고, 그들의 상호작용을 구조적으로 해석하는 것을 제안했지만, 그 개념들이 실제로 구현되어 성공적인 인공지능의 구현을 이룩한 인공신경망과 딥러닝의 발전 잠재력을 간과했다는 것은 민스키가 가졌던 시각에 어떤 한계가 있었는지를 명확하게 보여 준다. 그 한계는 에이전트와 그들의 연결, 그리고 거대한 연결 네트워크의 병렬 연산이 수학적인 맥락뿐만 아니라, 계산과학 관점에서도 명확하게 정의되지 못했다는 것이다.

민스키가 설명하려 시도했던 인간의 마음

민스키가 『마음의 사회』에서 설명하고자 시도했던 이론 중에는 인간의 마음(지능) 자체를 에이전트들의 집합체로 이해할 수 있는 뇌의 기능으로 본 것도 있다. 물론 현대의 뇌과학 관점에서 민스키가 주장한 에이전트가 정확히 무엇인지, 정말로 인간의 뇌를 에이전트들의 집합인 모듈, 그리고 모듈들의 연결과 복잡한 상호작용으로 인한 지능 생성 기관으로 이해할 수 있는지는 불분명하다. 물론 이는 심리학이나 인지과학 분야에서는 제리 포더(Jerry Fodor)의 '마음의 모듈성(modularity of mind)'이나 스티븐 핑커(Steven Pinker)의 진화심리학적 관점(지능의 진화는 두뇌를 구성하는 여러 모듈들이 진화함으로써 이루어졌다는 관점)과 어느 정도 연결되는 생각이기는 하다. 현대의 뇌과학은 이러한 뇌 기능 모듈화 여부를 실험적으로 검증하기 위해 fMRI 같은 첨단 뇌 영상 분석 기법 등을 이용하는데, 이 분야에서는 대니얼 데닛(Daniel Dennett) 같은 인지과학자들이 제안하는 '다중원고 모형(Multiple Drafts Model)'*과 연결되기도 한다.

---

* 다중 원고 모형은 뇌에서 일어나는 의식의 작동 방식을 설명하는 이론이다. 이 모델에서는 다양한 지각과 정신 활동의 메커니즘이 마치 여러 버전의 원고가 동시에 뇌 속에 분산 저장되어 있고 그 버전이 수시로 업데이트되듯, 의식도 끊임없이 바뀌고 변화한

　　물론 여전히 현대 뇌과학에서는 지능의 주된 시스템으로서 뇌가 단순한 모듈들의 선형 결합체 이상일 것이라 추정하는 시각이 더 우세하다. 즉, 모듈의 연결은 선형 결합을 넘어, 비선형 결합을 하고 있다고 추정하는 것이다. 이러한 비선형성은 민스키의 마음의 사회 이론에서는 충분히 설명되기 어렵고, 또한 물리적 근거로 뒷받침되어야 하는 개념이기도 하다. 또한 그가 주장한 에이전트가 설사 실제로 존재한다고 해도, 그것이 단순히 뇌를 이루는 신경 세포(뉴런)를 가리키는 것인지, 혹은 최소한의 단위가 되기 위한 신경 세포 다발들인지도 불분명하다. 무엇보다 하드웨어로서의 뇌가 소프트웨어로서의 지능과 어떻게 연결되는지에 대한 온톨로지도 여전히 비유적 관점에서 벗어나기 힘들다. 현대의 뇌과학에서 지속적으로 지적되고 있는 신경가소성(neuroplasticity)이나 신경 발달 동역학 특징 역시 에이전트들의 상호작용만으로는 다 설명하기 어렵다. 왜냐하면 민스키의 이론에 따르면 그 상호작용이 시간에 따른 함수인지 아닌지 불분명할뿐더러, 만약 시간에 따른 함수라고 한다면, 그 상호작용 혹은 에이전트 중 적어도 한 개 이상이 시간의 함수여야 하기 때문이다. 이는 상호작용이나 에이전트들의 기본적인 정의와도 거리가 먼 특성이다. 민스키의 기본적인 이론에는 이러한 시간 동역학 특징이 제대로 언급되지 않았으며, 분석된 바도 없다.

마음의 사회 이론과 다른 분야 이론의 관계
민스키의 마음의 사회 이론은 한편으로는 해체주의자(deconstructionist)들이 택할 법한 관점으로 읽히기도 한다. 아무리 복잡한 시스템과

다는 것을 설명하고자 한다.

2008년, 마빈 민스키.(출처: 위키피디아)

기능이라고 하더라도 쪼개다 보면 결국 최소한의 기본 단위로 구성될 수 있다는 점을 내포하기 때문이다. 반대로 아주 기초적인 단위로부터 모듈화를 거쳐 구조성을 입히면 결국 아무리 복잡한 기능이라도 획득할 수 있다는 결론에 이르기 때문에, 이를 환원주의자(reductionist)의 관점이라고 보는 시각도 있다.

그렇지만 해체주의와 환원주의 모두 민스키가 주장하려 했던 개념과 정확히 대응하는 관점은 아니다. 우선 해체주의는 기본적으로 최소 유닛들의 상호작용을 고려하지 않는다. 특히 상호작용이 없다면 상위 단계에서 이른바 창발*이 구현될 수 없기 때문에, 결국 지능 같은 복잡한 기능은 획득되지 않는다. 통계물리학에서는 이러한 창발성을 일종의 임계 현상(critical phenomena) 개념으로 해석한다. 원자 '몇 개'가 '어떤 조건'에서 '어떻게' 상호작용하여 결합했는지에 따라 그 결합체는 임계점에 도달할 수 있고, 임계점 이후에는 전혀 예상치 못한 현상, 예를 들어 액체 상태의 물이 수증기 같은 기체로 변하는 상전이(phase transition) 같은 현상이 나타날 수 있다. 이러한 임계 현상으로서의 창발은 환원주의의 관점에서는 정의하거나 예상하기 어려운 현상이다. 왜냐하면 환원만으로는 자기조직화(self-organization) 같은 임계 현상에 따른 결과를 설명하기 어렵기 때문이다. 사실 이는 창발이나 상전이, 임계 현상, 자기조직화 같은 개념에 익숙한 물리학자들에게는 쉽게 납득할 수 있는 연결 관계이지만, 민스키가 주장한 개념과 이론이 반드시 통계물리

---

* 여기서 말하는 창발은 통계물리학 개념에 근간을 둔다. 예를 들어 원자들의 상호작용은 매우 근거리에서 일어나지만 이들이 연결되어 분자가 되고, RNA 같은 핵산이 되고, 단백질이 되면서 획득하는 생물의 특징은 더 큰 스케일을 포함하는 다양한 스케일에서 발현되기 때문에, 원자 한 개만 놓고 본다면 절대 그러한 기능이 발현될 것이라 예상할 수 없다.

학의 하위 개념에 해당한다고 보는 것은 무리가 있다.

　다만 민스키의 개념과 창발성을 지지하는 통계물리학이 결합되면 거대한 딥러닝 시스템에서 만들어지는 정보의 생성과 추론을 보다 구체적으로 이해할 수 있는 도구가 된다는 점에서, 인공지능의 핵심 기반으로 작동하는 민스키의 에이전트 개념을 보다 효과적으로 이해할 수 있다는 점은 언급할 필요가 있다. 사실 최근의 거대 언어 모델 등의 파운데이션 모델에서 지속적으로 관찰되고 보고되는 창발성, 즉 인공신경망을 구성하는 파라미터의 조직 규모가 일정 수준을 넘어가면 갑자기 지능 수준이 질적으로 높아지는 것 같은 놀라운 현상은, 전형적인 임계 현상이다. 물론 여전히 이러한 임계점이 왜 복잡한 신경망에 존재하고, 그 임계점은 왜 하필 그러한 특정 값을 갖는지를 학계에서 다 파악하고 있는 것은 아니다. 일각에서는 이러한 임계점을 일종의 특이점(singular point), 즉 인공지능이 범용 인공지능으로 변모하는 지점이라고 단정하기도 한다. 그러나 여전히 이러한 임계점이 단순히 지능의 수준이 질적으로 달라지는 계산상의 개념인지, 아니면 정말로 생각하는 기계가 생각하는 마음으로 질적 변화를 겪는 것인지는 현재로서는 불확실하다.

　민스키가 제안한 에이전트와 그들의 상호작용은 그의 경쟁자였던 프랭크 로젠블라트의 퍼셉트론같이 수학적으로 엄밀하게 정의된 적이 없기 때문에, 이를 통계물리학 관점에서 임계점과 연결시키려는 시도는 민스키의 이론과 반드시 합치된다고 보기는 어렵다. 또한 민스키가 설명하려 했던 지능의 출현이 현재의 인공신경망에서 관찰되는 질적 변화 특성과도 직접적으로 대응된다고 보기도 어렵다. 오히려 현재 우리가 목도하고 있는 거대 언어 모델 같은 인공지능의 뛰어난 지능이 정말 통계물리학의 임계 현상의 일종이라면, 그 임계 현상이 만족해야 하는 가장 중요한 특징 중 하나인 스케일 불변성(scale invariance)과 자기유사성(self-similarity)이 관찰되어야 할 것이다. 이는 종합적으로는 인공지능에서 창발된 결과물처럼 보이는 지능이 재규격화 이론(Renormalization Theory)*으로 설명될 수 있어야 한다는(혹은 설명될지도 모른다는) 것을 의미한다. 이 경우 에이전트, 모듈, 모듈의 연결체, 그리고 더 상위 집합으로 연결되는 모든 관계는 이미 정해져 있는 스케일과 프랙탈(fractal) 같은 수학적 특징으로 정의될 수 있어야 함을 의미한다. 학계에서는 이러한 관점에서 인공지능의 지능을 수학적으로 분석하려고 시도하고 있지만, 그것이 반드시 임계 현상의 일부인지에 대해서는 여전히 합의되지 않았다. 또한 임계 현상으로 설명하기 어려운 새로운 현상들도 점점 더 많이 보고되고 있기 때문에, 인공지능의 창발에 대한 접근은 여전히 답이 명확하지 않다. 이러한 관점에서 보았을 때, 민스키의 에이전트와 모듈, 온톨로지와 상호작용에 기반해 지능을 설명하려는 시도는 여전히 테스트되고 있다고 볼 수 있다.

마음의 사회 이론은 지능의 미지의 영역까지 갈 수 있을까?
민스키가 『마음의 사회』에서 제시한 흥미로운 지능의 특징 중에는 감정, 동기, 욕구도 있는데, 이들이 흥미로운 까닭은 범용 인공

---

* 재규격화 이론은 통계물리학에서 복잡계의 거동을 스케일(규모)에 따라 분석하고 이해하기 위해 고안된 이론적 방법론이다. 이 방법론을 이용하면 어떤 물리계의 미세한 디테일을 일일이 추적하지 않고도 더 거시적인 스케일에서 관측되는 성질을 새롭게 정의(이를 재규격화라고 부른다)하면서 시스템 전체의 거동을 예측할 수 있다. 어떤 물리계를 이루는 원자는 엄청나게 많기 때문에 이들을 일일이 추적하여 계산하는 것은 불가능하다. 대신 이들보다 큰 스케일, 예를 들어 1몰 같은 단위로 뭉쳐서 이들의 집단이 보이는 현상을 관찰하는 것만으로도 물의 통계물리학적 특성, 예를 들어 끓는점 같은 임계 현상을 계산할 수 있다.

지능을 논할 정도로 급격하게 발전한 현대의 인공지능에서도 이러한 특징들은 여전히 구현된 사례가 없기 때문이다. 물론 거대 언어 모델을 이용하여 프롬프트를 적절하게 입력하면서 이러한 기능을 인공적으로 구현하라고 명령할 수는 있지만, 그것은 그렇게 하도록 학습된 네트워크에서 재구성되는 기계적 반응 이상은 아니다. 추론과 논리 분석에는 강하지만, 비정형적 지능의 기능에 해당하는 감정, 욕구, 동기는 추론과 논리의 영역 밖에 있다. 특히 욕구나 동기는 인간이 자아를 정의할 때 반드시 고려해야 하는 요소이므로, 범용 인공지능이 정말 인간 이상의 지능을 갖췄는가를 고려하기 위해서는 이러한 욕구와 동기가 어떻게 발현되었는지를 살피는 것이 중요하다. 흥미롭게도 민스키는 감정을 논리와 이성 밖의 영역에 있는 것이라 단정하지 않았다. 그는 감정이 이성적 추론의 방해물이 아니라, 행동 선택이나 주의 집중을 위한 효율적인 전략이라고 보았다. 감정도 일종의 기능으로 본 셈이다. 이를테면 두려움을 느끼는 기능을 담당하는 에이전트 혹은 모듈이 존재할 수 있다는 것이고, 그러한 두려움은 최종적으로 지능이 제대로 문제를 해결하기 위해 필요한 기능이라는 뜻이다. 욕구나 동기 같은 개념 역시 이러한 기능의 관점에서 이해할 여지가 있을 것이다.

　현대의 인공지능, 특히 모듈화된 기능으로 무장한 거대 인공신경망 기반의 인공지능이 출현할 것을 마치 예견이라도 한 듯, 『마음의 사회』는 40여 년 전 제안된 (추상적이지만) 통찰력 있는 개념과 이론, 그리고 그에 대한 다양한 철학적·과학적 고찰, 흥미로운 사유의 흔적들로 가득하다. 이제는 인공지능 분야 고전의 반열에 오른 민스키의 책은 오늘날 인공지능을 연구하려는 사람들에게는 물론, 인공지능이 가져올 삶과 세상의 변화에 관심 있는 모든 사람들에게 여전히 일독의 가치가 있다. 우리는 지능과 자아를 가진 독립된 개체로 스스로를 규정하지만, 여전히 우리는 지능의 핵심이 정확히 무엇인지, 거대 언어 모델의 블랙박스 이면에는 무엇이 있는지, 강인공지능(Strong AI)은 임계 현상에서 예견된 피할 수 없는 현상인지, 감정과 욕구, 동기는 인간의 전유물인지 확실히 알지 못한다. 그렇지만 우리의 이해도가 얼마나 발전하고 있는지와는 별개로, 이미 인공지능은 질적 변화를 거쳐 완전히 새로운 존재로 재탄생 중이며, 이제 그 영향은 IT나 산업 분야를 넘어 개인의 삶과 사회의 변혁에 핵심적인 변수가 되고 있다. 민스키가 주장했던 바와 같이, 단순히 계산만 하는 능력을 넘어 새로운 기능이 자발적으로 창출되는 역동적인 마음이 인간만의 전유물로 남을 것인지는 인간이 지성에 대한 통합적 관점의 이해를 어디까지 이어 나갈 것인지, 그리고 인공지능의 발전을 통해 그 이해의 폭과 깊이를 어디까지 확장할 것인지에 달려 있을 것이다. **서리북**

권석준

본지 편집위원. 성균관대학교 화학공학부, 반도체융합공학과, 미래에너지공학과, 양자정보공학과 교수로 재직 중이다. 주로 계산과학, 인공지능과 물리학을 융합하여 새로운 반도체 소자, 소재, 공정에 대한 연구를 하고 있다. 저서로 『반도체 삼국지』, 『차세대 반도체』(공저) 등이 있다.

📖 인공지능이 초인공지능으로 구현될 수 있을지 논의가
활발한 이 시점, 실제로 특이점을 넘은 인공지능이 어떠한
세상을 가져다줄 것인지에 대해 매우 비관적인 시각으로
다양한 시나리오를 분석한다. 제임스 배럿은 특이점 이후의
인공지능은 오히려 인간을 하나의 행위자로 격하하여 활용할
것이라는 비관적 전망을 내놓는다.

"지금까지 존재한 어떤 인간보다 현명하고, 모든 지능적인
활동을 모두 뛰어넘는 기계를 초지능 기계라 정의하자. (……)
초지능 기계는 자신보다 더 나은 기계를 설계할 수 있다.
그렇다면 의문의 여지 없이 '지능폭발'이 발생해 인간의
지능은 한참 뒤처지게 된다. 첫 번째 초지능 기계는 인간이
필요해서 만들어낸 마지막 발명품이 될 것이다."
— 책 속에서

『파이널 인벤션』
제임스 배럿 지음
정지훈 옮김
동아시아, 2016

📖 컴퓨터과학자 마빈 민스키가 인간의 지능에 초점을
맞췄다면, 인지과학자 대니얼 데닛은 마음에 초점을 맞췄다.
의식, 자유의지, 그리고 마음은 기계적으로 재구성될 수
있을까? 현대의 인공지능은 이를 재현할 수 있을까? 창발될
수 있을까? 현대의 인공지능은 거대 언어 모델에 기반을 두고
있는데, 데닛이 마음을 찾는 여정을 언어에서부터 시작하고
있다는 것은 의미심장한 연결고리를 보여 준다.

"뇌가 의미론적 정보들을 추출할 수 있게 한 몇 가지 특수한
설계 방식으로 선회하기 전에, 지금은 뇌가 우리 세계를
가득 채운 컴퓨터와 얼마나 극적으로 다른가 하는 문제를
다룰 차례다. 예전에 인간의 뇌가 수행한 제어 과제를
최근에는 컴퓨터가 빼앗아가고 있으며, 오늘날 컴퓨터는
엘리베이터부터 비행기와 정유공장에 이르기까지 많은
업무를 맡고 있다. 병렬저장 프로그램 컴퓨터는 (……) 최근
60년간 기하급수적으로 증식하여 지금은 지구상의 모든
환경을 장악했을 뿐 아니라, 수천 혹은 수백만의 후손들을
우주 공간으로 보내 역사상 가장 멀리 여행한 발명품(인간
두뇌의 소산물)이 되게 했다." — 책 속에서

『박테리아에서 바흐까지,
그리고 다시 박테리아로』
대니얼 C. 데닛 지음
신광복 옮김
바다출판사, 2022

문학·에세이

서울
리뷰 오브
북스

책을 좋아하지 않는 내가, 책을 읽는 방법

이만교

1

나는 책을 좋아하지 않았다. 충청도 시골에서 태어나 해가 뜨고 질 때까지 하루 종일 노는 게 나의 일과였다. 지금도 마찬가지다. 책을 읽고 싶다는 생각은 들지 않고, 놀고 싶다는 생각만 든다. 그럼에도 매일 책을 읽는 건, 책 읽기보다 더 흥미로운 놀이가 없어서다.

　　그럴 수만 있다면 책을 읽고 싶지 않다. 책 읽는 건 너무 힘들다. 일단 책을 읽는 동안, 사지를 움직일 수가 없다. 고작해야 경박하게 무릎을 떨어 대는 게 허용될 뿐이다. 사지를 묶인 듯이 꼼짝하지 못한 채, 오로지 눈동자만 움직여 문장을 좇아야 한다. 눈동자조차, 한 문장 한 문장, 쓰인 순서대로 읽어야 한다. 건너뛰면 안 된다. 심지어, 한 문장 한 문장 순서대로 읽는 동안, 딴생각을 해서도 안 된다. 그 문장이 뜻하는 내용을 정확히 이해해야 한다. 다시 말해 몸뚱이만 꼼짝 못하는 게 아니라 눈동자도 꼼짝 못하고, 머릿속 생각조차 꼼짝 못한다! 이런 점에서 독서는, 군사 정권 시절의 애국조회나 체벌보다 억압적이다. 애국조회나 체벌을 받을 때도 머릿속으로는 얼마든지 딴생각을 할 수는 있었는데 말이다.

그러니까, 혹은 그래서, 독서는 최고의 경청이다. 작가가 말하는 것에 완전히 집중해야 한다. 잠깐이라도 딴생각을 해서 문장 하나, 단어 하나라도 놓치면 오독이 일어날 수 있으니, 그 부분부터 다시 읽어야 한다. 어이쿠야, 이런 힘든 짓을 어떻게 하냐 말이다. 나는 내가 가장 사랑하는 사람과 대화할 때도 이렇게 적극적인 경청을 못할 때가 많다. 가령, 어여쁜 내 딸과 대화할 때도, 시선이 엉뚱한 데로 향하거나, 머릿속으로 딴생각을 할 때가 많다.

그럼에도 나는 책을 꾸준히 읽는다. 책보다 흥미로운 게 없고 유익한 것이 없어서다. 인류는 언제부터인가 유익한 생각을 하면 그걸 모두 책으로 묶어 도서관이란 곳에 쌓아 놓기 시작했다. 칼 세이건의 『코스모스』 표현을 그대로 빌리면, 책이란 인류의 독특한 유전적 상속 재산이다.

"생존에 꼭 필요한 정보 전부를 유전자에 저장할 수 없을 정도로 그 양이 증가하자 진화는 서서히 두뇌를 새로 만들기 시작했다. 그리고 세월이 또 어느 정도 흘러 지금으로부터 대략 1만 년 전쯤부터는 사람이 살아가는 데 필요한 정보의 양이 새로 만든 두뇌로도 쉽게 보관할 수 없을 정도로 크게 늘어났다. 진화가 그다음에 택한 방책은 육체 바깥에다 필요한 정보를 저장해 두는 것이었다. 현재까지 알려진 바에 따르면 생존에 필요한 정보를 유전자나 뇌가 아니라 별도의 공용 저장소를 만들어 그곳에 보관할 줄 아는 종은 지구상에서 인류뿐이라고 한다. 이 '기억의 대형 물류 창고'를 우리는 도서관이라고 부른다."*

2

책을 저술하는 사람들은 몇 달 몇 년이 걸리든 자기 정신이 가장 맑고 영민한 시간을 택해 글을 쓰고 다듬는다. 자신이 하는 생각 중에 가장 멋진 생각을 골라 책에 넣는다. 그래서 나는 작가를 직접 만나는 것보다, 그 작가가 쓴 책을 읽는 게 더 좋다. 그 작가의 가장 좋은 생각은 책 속에 있기 때문에, 직접 만나는 작가보다 그 작가가 최선을 다해 쓴 책이 더 좋을 때가 많다.

아무튼 조금이라도 더 나은 '생각문장'을 취하려면, 책을 읽어야 한다. 책이란, 잘난 인간들이 가장 낫다고 여기는 생각문장을 모아 둔 금고와 같다. 대부분의 좋은 책은, 그 분야에서 십 년 이십 년을 공부하고 숙고한 끝에 나오는 글이어서, 나는 십 년 이십 년 동안 숙고하지 않고도, 작가와 같은 생각을 할 수 있는 것이다. 작가는 그 생각에 이르기까지 수십 년 내지 평생이 걸렸는데, 내가 일이만 원 주고 하루 만에 얻다니, 얼마나 놀라운 갈취인가. 독서는 그야말로 최고의 경청이면서 최고의 도둑질이다.

사람을 직접 만나 대화하는 방법도 있고, 전화나 메일로 대화하는 방법도 있다. 그러나 인류가 발명한 가장 핍진하고 강렬한 정신적 만남은 독서다. 책을 쓰는 저자는 몇 달 몇 년 밤을 지새며 자신이 할 수 있는 가장 유의미한 말만 골라서 담고, 독자는 저자가 말

---

* 칼 세이건, 홍승수 옮김, 『코스모스』(사이언스북스, 2006), 557쪽.

하는 걸 한 문장 한 문장 밑줄 그으며 경청할 수 있다.

3

방학이 있는 직장을 다니다 보니, 방학 때가 되면 내가 하고 싶은 걸 해도 되는 자유로운 시간이 주어진다. 명상을 할 수도 있고, 여행을 다닐 수도 있고, 소원했던 친구를 만나 볼 수도 있고, 뭔가를 배울 수도 있다. 내 마음대로 해도 아무도 뭐라 하지 않는다. 그럼에도 결국 내가 가장 많은 시간을 투자해서 하는 일이란, 읽고 싶은 책을 찾아 읽는 것이다.

좋은 책을 읽으면 내 정신이, 나의 뇌 활동이 팽팽해지는 걸 느낀다. 시간을 허투루 쓰지 않고 잘 사용한 것 같은 보람이 느껴지는데, 책을 안 읽고 밋밋하게 쓰고 나면 마치 내 시간을 도둑질당한 듯 허망하고 허탈하다. 만약 내 두뇌와 정신을 독서보다 팽팽하게 만드는 것이 있다면, 그래서 허망하고 허탈한 기분이 들지 않는 일이 있다면, 나는 그것을 할 것이다.

그래서 가끔 영화도 보고, 여행도 하고, 사람도 만나지만, 좋은 책을 읽는 것만큼 지속적이고 강렬한 경험은 없는 것 같다. 그러니까 정확히 말해서 나는, 독서를 좋아하는 사람이 아니라, 독서보다 좋은 걸 찾지 못해 독서나 하는 사람이다.

앞서 말한 것처럼 독서란 시선과 집중까지 요구하는 고난이도 경청이어서, 책을 집어 들기가 싫을 때도 있지만, 그래도 책 읽는 게 제일 나을 것 같아서 책을 읽는다. 그러다 보니 아주 열심히 읽거나 진지하게 읽지는 않는다. 우선은 그냥 꽂아만 두고, 흐뭇하게 구경이나 하는 것으로 만족한다. 내 목표는 책을 많이 읽거나 열심히 읽는 게 아니다. 다만 읽고 싶을 때는 언제든지 읽자는 게 목표다. 책 읽는 것만큼 흥미로운 일이 없을 때만큼은, 책을 읽자는 욕심이다.

그래서인지 책을 읽는 속도보다 책을 구입하는 속도가 더 빠르다. 읽으면 유익할 책이다 싶으면 일단 구입해 둔다. 나는 이것이 독서에서 제일 중요하다고 생각한다. 스스로 가장 읽고 싶은 책을 골라 구입하는 것이 매우 중요하다. 가장 읽고 싶은 책이니까 저절로 읽고 싶어지고, 저절로 읽게 될 테니까. 가령, 내가 갖고 있는 책은 만여 권쯤 될 텐데, 이 중에서 읽고 싶어 구입했지만 아직 못 읽고 있는 책만 천여 권쯤 되는 것 같다. 그중에는 읽고 싶어 구입했지만, 막상 앞부분을 들춰보니 흥미가 줄어 미뤄 둔 책도 몇백 권 있다. 그래도 절반 이상은 이제라도 읽어야지 하는 책들이다.

그러니까 내 방에는, 내가 읽고 싶어 쌓아 놓은 책만 무려 오백여 권이 넘는다. 먹고 싶은 음식을 냉장고와 냉동고에 가득 넣어 본 적이 있는 사람은 알겠지만, 읽고 싶은데 읽지 못하고 있는 책이 오백여 권이나 자기 방에 있으면, 얼마나 뿌듯한지 모른다. 읽지 않고도 부자 같은 마음이 든다. 실제로 웬만한 규모의 도서관 책 구경을 해도, 읽고 싶은 책이 오백 권씩이나 발견되지는 않는다. 대형 서점에서 하루 종일 머물러야 읽고 싶은 책을 삼사백 권쯤 고를 수 있을 것이다. 그러니, 내 방에 내가 읽고 싶은 책이 오백 권도 넘게 있다는 건, 정말이지 엄청난 초대형 서점을 소유하고 있는 것이나 다를 게 없다.

그럼에도 게을러서 이 책을 찔끔 읽다가 저 책도 조금 읽는 식

문학·에세이

으로 읽지만, 어쨌든 내 흥미를 당기는 책을 만나면 누워서 읽다가도 자세를 바로 하고, 끝까지 읽게 된다. 좋은 책은 내 의지로 읽는게 아니다. 저절로 읽게 된다. 내 의지로 힘을 내어 억지로 읽는 독서는 금세 지친다. 피곤한데도 읽고 싶어지는 책을 골라 구입해야한다. 그러면 애써 읽는 게 아니라 저절로 읽게 된다. 읽지 않으려고해도, 그 책을 읽는 것보다 궁금한 일은 없으므로, 그 책에 저절로집중한다.

이것이 내가 책을 읽는 노하우다. 읽고 싶은, 혹은 언젠가는 읽어야 할 좋은 책을 많이 구입해 두되, 펼쳐 읽다가 절로 집중이 안되면 그냥 내팽겨쳐 둔다. 모든 책에는 줄탁동기(啐啄同機)의 인연이란 게 있다. 더구나 세상에는 유익하고 좋은 책이 너무 많다. 아무리좋은 책도, 지금 내 흥미와 몰입을 돕는 책이 아니면, 애써 읽는 수고를 들이지 않아도 좋을 만큼, 읽으면 좋을 책이 세상에는 너무 많다. 비유하자면, 빈자리가 너무 많은 카페처럼, 마음대로 골라 앉을수 있다. 이러면 손님이 왕인 것이다. 독서의 주체가 더는 작가가 아니라 독자인 것이다.

우리가 성인이 되어 읽을 수 있는 책 권수는 많지 않다. 만약 책관련 직업이라면 만여 권 남짓을 읽고, 그렇지 못하면 천여 권쯤을읽을 것이다. 그런데 세상에는 읽으면 좋을 책이 십수만 권쯤은 있는 것 같다. 그러니, 어떤 책이 좋다고 해서 그 책을 꼭 읽을 필요는없다. 그 책 못지않게 좋은 책은 또 얼마든지 많으니까.

좋다고 하는 책들 중에서 가장 읽고 싶은 책을 최대한 확보하되, 저절로 손이 가고 눈이 가고 몰입이 되는 책만 골라 읽는다면,

독서는 괴로운 일이 될 수가 없다. 독서가 힘든 게 아니라, 자신이 좋아할 책을 찾지 못해 힘든 것이다. 간혹가다 보면, "저는 독서랑 잘 맞지 않는 거 같아요. 삼십 분만 읽어도 졸려요" 같은 호소를 들을 때가 있는데, 그때마다 나는 이렇게 번역해 듣는다. "나는 피곤하고 졸린데도 읽다 보면 정신이 확 들 만큼 내 마음을 끄는 책을 미처 못 골랐고, 그에 따른 벌을 받고 있는 거 같아요."

　넓지 않은 내 방은 읽지 못한 책으로 둘러싸여 있다. 현실이 이렇다 보니, 눈을 뜨면 나는 뭐 재미난 거 없을까? 하고 딴짓을 궁리하지만, 결국은 책을 읽는다. **서리북**

이만교
1998년 《문예중앙》 시 부문, 1999년 《문학동네》 소설 부문에 당선되었다. 『결혼은, 미친 짓이다』, 『머꼬네 집에 놀러 올래?』, 『예순여섯 명의 한기씨』 등의 소설과 '글쓰기 공작소' 연작 및 동시집 『꼬마 뱀을 조심해』 등을 출간했다.

제목은 가능한 세상의 증거를 보여 준다:
겨우 서지 정보만 읽는 우울증 환자의 이야기

박지니

8월, 넉 달 남짓한 무직 생활을 끝내고 보안암호 회사에 테크니컬 라이터(technical writer)로 입사한 나는 내가 쓰게 될 기술 문서의 주제에 어떻게든 미리 익숙해지기 위해 집에서 가장 가까운 도서관을 찾기로 했다. 팬데믹 중에 아예 문을 닫거나 예약제로 운영된 뒤로 도서관은 내 생활에서 지워져 있었다. 그 4, 5년 사이 이용 방식이 변했을 수도 있고(뭔가를 갱신하지 않아 입장부터 불가능한 건 아닐까?) 찾던 책이 없거나 서가에 꽂힌 책 제목을 알아볼 수 없어(안경집을 두고 온 것을 깨달았다) 괜히 시간만 낭비하고 돌아올 수도 있었다. 우울증에 오래 시달려 온 사람은 이런 불운의 확률에 예민해지는 생존 본능을 얻는다. 우울증은 낭패 본 사람의 발목에 납덩이를 매달고, 이 낭패는 또다시 우울증에 무게를 싣는다.

　20여 년 전 대학교 중앙도서관은 은닉처였다. 그 거대한 건물로 들어서기만 하면 열람실로 열린 작은 입구가 나타나고 거기서부터 늑골처럼 겹겹이 안전한 서가 사이의 익명화된 공간들이 펼쳐진다. 서가를 선택하라. 눈 감고 걸음 수만으로 도착할 수 있을 것 같은 외국 문학이나 정신의학 서가는 몸을 숨기기에 딱 좋은 곳이다. 특히 의대와 분리되어 있는 단과대 캠퍼스 안의 중앙도서관 의학 서가는 비치된 자료가 빈약한 만큼 찾는 사람도 드물다. 거기 몸을 숨기면 검은 양장으로 제본된, 누구도 빌려 가지 않을 것 같은 벽돌 책들—데이비드 가너(David Garner)와 폴 가핑켈(Paul Garfinkel)의 『섭식장애 치료 핸드북(Handbook of Treatment for Eating Disorders)』 제2판이라든가—과 1990년대 특유의, 부정확한 정보가 점철된 정신질환 관련 교양서, 페이퍼백 영문 단행본들을 뒤적이며 평화로운 시간을 보낼 수 있다. 창밖으로는 아련히 사물놀이패의 연주가 들려오고, 그때가 점심시간이라면 학교 방송 아나운서의 아마추어 '쪼'가 담긴 멘트와 선곡된 음악이 들려온다.

나는 내가 이 캠퍼스에 어울리지 않는 사람이라 여겼다. 저 햇빛 비치는 광장을 걷는 아이들은 들어야 할 수업도 다 들으면서 학생식당에서 학식도 먹고 친구도 만나고 선배 연락도 받고 동아리방에도 들르고 하면서 잡다한 하루를 정말 자연스럽게 살아간다. 강의실에 들어서는 것만으로 나는 수치심과 열등감에 시달린다. 당황해 앞이 안 보이고 속이 메스꺼운 채로 두 시간을, 아니 한 시간이라도 강의실 뒷문 바로 앞자리에 앉아 버티느냐, 아니면 오늘도 어김없이 강의 시간표를 통째로 무시하고 빈 강의실이나 도서관 서가 틈에 숨어 시간을 때우느냐를 결정하는 것만으로 나는 하루를 살 에너지 전부가 소진됐다. (아, 그 애들은 취업 준비도 하고 연애도 했겠지. 내게는 꿈에서도 나오지 않았던 이야기라 빼먹을 뻔했다.)

따라서 내가 도서관에서 할 수 있었던 일은 온 힘을 집중해 책을 읽어 내는 진짜 노동이 아닌, 목차를 훑어보고 참고 문헌을 노트에 받아 적는 게 전부였다. 내가 오로지 관심 가질 수 있는, 그때까지 내 지적 흥미를 자극할 수 있었던 주제는 그때의 내 상태였던 '섭식장애(eating disorders)'였고, 나는 이 주제에 관한 그렇게나 다채롭고 풍성한 텍스트가 수십 년에 걸쳐 쓰이고 읽혔다는 것에 마음이 설렜다. 우리나라에는 아직 관심 갖는 사람이 없지. 그래서 우리말로 쓰인 건, 최소한 읽어서 도움이 될 만한 글은 없다. 하지만 우울증으로 더디 움직이는 두뇌가 그나마 기능을 하는 건 한글 판독이 아닌 영문 독해였으므로, 불편한 건 없었다.

　지금이야 '미쳤다'는 표현이 꽤 매력적인 정체성이 되기도 하고 윤리적 구호가 되기도 하지만, 어떤 스타일로 미쳤든 몸이 다치지 않았는데 일상의 의무를 다하지 못하는 사람은 스스로를 수치스러워해야만 했던 시절이었다. 우연히 애니 G. 로저스(Annie G. Rogers)의 『아름다운 상처』(권혜경음악치료센터, 2001) 같은 책을 만났을 때는 당시 하버드 교육대학원에 속해 있던—그 뒤로는 자리를 옮겨 주로 정신분석에 관한 책을 썼다—저자에게 감사의 메일을 보냈고, 마침 음악치료센터 웹사이트를 운영하고 있던 역자에게도 메일을 보냈다. 조현병 경험을 쓰고 있는 저자에게 섭식장애를 겪고 있다고 고백하는 게 왠지 쑥스럽기는 했지만. (답장은? 받았다! 두 분 모두에게서.)

　현대정신분석연구소 이재훈 선생님이 놀라운 생산성으로 번역, 소개했던 도널드 위니컷(Donald Winnicott)에 관한 책들, 『프로이트를 만든 여자들』(새로운사람들, 1996) 같은 책들은 내가 집착했던 국내서였다. ('Simone Weil'은 '사이먼 웨일'이 아니고 '시몬 베유'일 거라고, 하임 포톡(Chaim Potok)의 소설 *The Chosen*은 이미 번역되어 있고 국내 출간 제목은 『탈무드의 아들』이라고 이재훈 선생님께 조심스럽게 메일을 보냈고 답장도 받았다.)

하지만 읽지 못한 시기에는 '언젠가 읽을 수 있을지 모를' 서지 작성에 매달렸다. 지금도 본가에 남아 있는 대학 시절 쓰던 스프링 노트 더미에는 샤프펜으로 써서 다 번진, 혹은 볼펜으로 휘갈긴 섭식장애 논문과 책 목록이 가득하다. 그리고 언젠가 내가 도서관 열람실 안의 프린터로 한 장 한 장 복사했을 몇 가지 영문 서적의 페이지들이 파일철에 담긴 채 너무나 잘 보관돼 있기도 하다. 어느 임상심리학 교재에서 복사한 페이지에는 1994년 스물두 살의 나이에 거식증으로 사망한 미국 체조 선수 크리스티 헨리히(Christy Henrich)의, 얼굴까지 앙상해진 때의 사진이 잉크가 뭉친 흑백 사진으로 실려 있다. 내가 적잖이 집착했던, 주디 탐 사전트(Judy Tam Sargent)의 회고록『긴 여정: 거식증 생존자 가이드(*The Long Road Back: A Survivor's Guide to Anorexia*)』도 서지 페이지부터 몇 페이지가 깨끗이 복사돼 있다. 1998년에 1쇄가 출간됐다는 그 책은, 아마도 내가 도서관에 신청해 들어왔던 책일 것이다.

거식증에서 회복된 뒤 간호사 자격증을 따고 취미로 피겨스케이팅에 열심이라던 주디 탐 사전트에게는 개인 홈페이지가 따로 있었다. (피겨스케이팅을 타는 그의 사진이 떠 있는 컴퓨터 스크린이 지금도 눈앞에 보이는 듯하다.) 거기에 그는 책에서 좇고 있는 그의 투병기를 자신의 사진과 함께 간략히 소개하고 있었다. 가족사진(부모님의 이혼이 그에게 큰 영향을 미쳤다), 바이올린을 연주하는 사진, 퇴원 직후 자신의 침대 앞에서 찍은 사진(양팔을 몸통에 붙인 채 오부바지 같은 것을 입고 서 있는, 나뭇가지처럼 삐죽한 사진), 간호대학에서 친구들과 찍은 사진, 그리고 가장 최근 사진이라고 했던 피겨스케이트 사진. 내가 그에게도 이메일을 보냈던가? 기억이 나지 않는다. 아마 보냈더라도 답장을 받지 못했던 것 같다. 당시 《커커스 리뷰(*Kirkus Review*)》에 실린 그의 소개는 이렇다.

주디 탐 사전트가 처음 거식증으로 입원한 것은 열여섯 살 때였다. 이후 10년 동안 그는 무려 스물다섯 군데의 치료 시설을 옮겨 다니며 외래와 입원 치료를 받는다. 그의 회고록은 분노로—그리고 건설적 비판으로—가득 차 있다. 이제 삼십 대에 접어든 저자는 정신보건 간호사가 되어 섭식장애로 고통받는 이들을 상담하고 있다. 책을 관통하는 주장은, 거식증과 섭식장애는 심리적, 정서적 문제의 표현이라는 것. 따라서 섭식장애의 가장 효과적인 치료법은 환자들을 억지로 먹이는 엄격한 기법에 집중하는 것이 아니라 그 근본 문제를 치유하는 것이다. 병이 극도로 악화되어 환자가 위독하다면 영양 공급 튜브와 같은 극단적 방편이 당연히 필요하겠지만, 그와 같은 조치가 환자에게 벌을 주는 방식으로 이루어져서는 안 되며, 그것이 치료 프로그램의 핵심이 되어서도 안 된다. (……) 그는 1968년에 태어났다. 그로부터 4년 뒤 쌍둥이 형제 바비가 자폐증 진단을 받고 시설에 입소한 이후, 황폐해진 가족은 결국 부모의 이혼으로 이어진다. (……) 열세 살 때 시작한 다이어트는 곧 통제 불능 상태로 빠져들고, 그는 그 어떤 것도 입에 대는 것을 두려워하게 되고, 운동에 강박적으로 매달리고, 자살 기도를 하고, 병원에서 도망치는 등 악순환에 휘말려 들었다. 그가 겪었던 다양한 치료법과 시설에 대한 섬뜩한 묘사는 섭식장애 치료의 많은 부분이 여전히 '암흑기'에 있음을 드러낸다.*

1980-1990년대 미국의 이야기지만, 2025년 현재 한국의 현실 역시 '섭식장애 치료의 암흑기'라는 점은 동일하다.

글이 더 길어지기 전에, 본래 쓰려고 했던 주제인 '서지수집광(書誌蒐集狂)'에 관해 이야기하자. 읽지 않은 책의 뒤 페이지를 바로 펼쳐 참고 문헌을 찬찬히 들여다보며, 나는 우울증 환자답지 않게 거의 탐욕적으로, 불쑥불쑥 마음을 설레게 하는 제목의 서지를 찾아 그 글줄 바로 밑에 스프링노트를 대고 저자명과 제목과 그 외 부수 정보들을 필사해 나갔다. '섭식장애'라는 낙인찍힌 미지수에 대해 말할 수 있는 주제는 이렇게도 많았다! 그와 비슷한 사건으로, 이런 일도 있었다. 심리학 강의 중에 알게 된 어느 유명한 인지심리학자는 교재에도 실리는 그 유명한 연구 이외에도 초심리학(超心理學, parapsychology) 프로젝트까지 버젓이(!) 진행하고 있었던 것. 그의 홈페이지에는 두 가지 프로젝트가 모두 실려 있었다. (여기서는 어림도 없는 일이지만, 그것이 진지한 성찰의 대상으로 여겨지는 장소가 어딘가는 존재한다! 동시대에! 동시대에.)

---

* "The Long Road Back: A Survivors Guide to Anorexia", *Kirkus Reviews*, October 1, 1999, https://www.kirkusreviews.com/book-reviews/judy-tam-sargent/the-long-road-back/.

도서관이라는 시스템이 어떻게 작동하고 유지되는지를 전혀 알지 못했던 미숙하고 순진한 스무 살 우울증 환자였던 나는, 마치 라스베이거스 카지노에서 기계 같은 리듬으로 슬롯머신 버튼을 누르는 사람처럼 모처럼 생산성 높은 유능한 사람인 양 도서관 홈페이지 비치 희망 도서 신청란에 내 스프링노트에 새까맣게 적힌 서지들을 입력하고 또 입력했다. 그 순간만큼 나는 강력했고, 주체적으로 시간을 짓이길 수 있었다. 오랜만의 지적 자극, '말할 수 있는 것들'의 확장 가능성을 인증하는 서면 증거들.

　그러던 어느 날, 고른 책을 대출 신청하고 도서관 입구를 나서려는 찰나, 누군가 내 이름을 급하게 부른다. 도서관 사서 한 명이 자리에서 벌떡 일어나서 내게 손짓한다. 영문 모르는 나는 금세 하얗게 질려서 온 길을 돌아간다. "혹시 논문 쓰세요?" 그가 묻는다. "책을 너무 많이 신청하셔서요. 논문을 쓰시더라도 혼자 이렇게 많이 신청하시면 안 돼요. 도서관 월간 예산이 한정돼 있어서, 신청하신 책을 순서대로 주문하다 보면 다른 분들이 신청하는 책은 구입할 수가 없거든요."

　그렇다. 도서관 열람실과 책 뒤쪽의 참고 문헌과 도서관 홈페이지 희망 도서 신청란은 내 판타지를 채워 주는 허공 속의 인터페이스가 아니다. 대학 도서관은 빠듯한 월 예산 안에서 운영되고, 사람들이 나처럼 입력한 희망 도서들은 한 권 한 권 예산 안에서 구매된다. 직원이 아니면 근로장학생일 학생이 사서 업무를 맡아 하루 종일 카운터를 지킨다. 모두 따지고 보면 단순한 체계와 도구로 진행되는 일이며, 살과 피와 뼈를 지닌 나 역시 큰 힘 들이지 않고 그

중 어느 한 지렛대를 눌러 현실에 작용할 수 있다. 그 지극히 물질적이고 경제적인 규칙을 내가 알았다면——애초에 우울증에 걸리지도 않았으리라.

내가 신청한 미대 수업에서 교수는 우리에게 마침 서울에서 열린 인상파 전시회를 보고 감상문을 써오게 했다. 갤러리에서는 수줍음과 자의식으로 아무것도 제대로 못 보고 입구에서 겨우 도록 한 권 챙겨 돌아온 나는, 결국 그 도록에 관한——도록에서마저도 내가 느꼈던 부적절함과 메스꺼움에 대한——감상문을 써서 제출했지만, 교수는 아마도 내 글을 겨냥한 듯, 지식인으로서 우리는 실체 없는 감상주의를 경계해야 하며 내 자신이 "현실이라는 좌표 위에서" 정확히 어느 지점에 서 있는지를 의식하고 있어야 한다고 지적했다. 그리고 그가 상찬한 공대 남학생의 정직하고 순수한 감상평 낭독.

살과 피와 뼈를 지닌 나 역시 큰 힘 들이지 않고 세상이라는 기계의 어느 한 지렛대를 눌러 현실에 작용할 수 있었더라면. 그러나 나는 수단과 멀리 있었고, 내게는 의견을 발휘할 자격이 없는 듯 느껴졌다. **서리북**

박지니
『삼키기 연습: 스무 해를 잠식한 거식증의 기록』을 쓰고 2023년부터 이전에는 한국에서 열린 적 없는 '섭식장애 인식주간(Eating Disorders Awareness Week)'을 기획, 진행해 오고 있다.

문학 · 에세이

"서평은 그 자체로 하나의 우주이다"

서울
리뷰 오브
북스

2025 봄. 17호

헌법의 순간

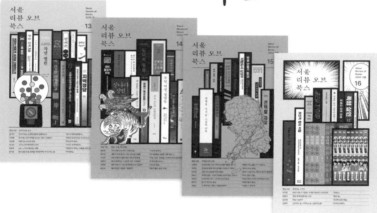

책을 아끼고 좋아하는 분들과 함께 이 우주를
담고 싶습니다. 그리고 우리는 독자들과
공감하는 글을 만들기 위해 독자들의 의견을
수렴하고 반영하는 개방된 창구를 항상 열어둘
것입니다. 우리 역시 "계속 해답을 찾아
나가는" 존재가 되어 《서울리뷰오브북스》를
틀과 틀이 부딪치는 공론장으로 만들어
가겠습니다. 하루에도 수십 권의 책이 쏟아져
나오는 시대, '어떤' 책을 '왜' 읽어야 하는가?
《서울리뷰오브북스》는 그 답을 서평에서
찾습니다.

정기구독 및 뉴스레터 구독 문의
seoulreviewofbooks@naver.com
자세한 사항은 QR코드 스캔
ⓘ @seoul_reviewofbooks

지금
읽고 있습니다

[편집자] 〈지금 읽고 있습니다〉에서는 전국의
동네책방 책방지기들이 '지금 읽고 있는 책'을
소개한다. 참여해 주신 김성열, 박미은, 시리,
오승희, 이경신, 하영남 님께 감사의 말을 전한다.

『우리는 조금 더
다정해도 됩니다』
김민섭 지음, 어크로스,
2025

무례한 세상을
변화시키기 위해
다정해지자고 말하는
책. 저자는 카드
서명란에 세월호
리본을 그리며
일상에서 애도를
이어가고, 선함은
유약함이 아니라고
말한다. 우리는
타인에게서 나의
모습을 발견하려
애써야 한다.
다정하려는 노력은
내 삶을 사랑으로
물들이는 과정이 될
것이다.

나락서점
책방지기 박미은
(부산 남구)

『낙원맨션』
방우리 지음, 교유서가,
2025

망상을 서슴지 않고
저지른 치들로
도처가 난처인
이즈음. 체념 중에도
다가서는 개개의 작은
몸짓이야말로 이해
아닐까, 그 몸부림으로
닿는 마음이 가까스로
자리하는 게 소설
아닐까, 읽는 동안
떠올렸다.

사각공간(思覺空間)
책방지기 김성열
(인천 부평)

『남자의 자리』
아니 에르노 지음,
신유진 옮김,
1984BOOKS, 2024

예술적 장식이나 깊은
감동을 추구하기보다는
물질적 필요에 얽매인
아버지의 삶을 있는
그대로 보여 준다.
그럼에도 나뿐만
아니라 각자의 삶이
어떤 '자리'를 지키며
어떤 세계를 만들고
있는지 살펴보게
하는 책.

책방 똑똑
책방지기 시리
(전북 전주)

『절해고도』
김미영 외 지음, 진명현
엮음, 프로파간다 시네마
그래픽스, 2023

———

시는 언어이면서,
언어가 아닌 형태로
우리 마음 깊숙한 곳에
와닿는다. 어떤 영화들
또한 마찬가지다.
영화에서 시작된 시,
시로 시작된 영화.
육지에서 아주 멀리
떨어진 외딴섬처럼 갈
곳을 잃고 요동치는
감정이 밀려오는 이
계절에 함께하면 좋을
시집.

———

이스트씨네
책방지기 오승희
(강원 강릉)

『자학의 시』 1, 2
고다 요시이에 지음,
송치민 옮김, 세미콜론,
2009

———

4컷 만화. 1권을 보며
웃는 사람도 어디서
웃어야 할지 모르겠는
사람도 있겠지만 어느
쪽이든 꼭 2권까지
읽어야 하는 책.
그래야만 이 만화의
진정한 재미와 의미를
알 수 있다. 세상에 이런
4컷 만화라니!

———

안녕, 책
책방지기 이경신
(충북 제천)

『만질 수 있는 생각』
이수지 지음, 비룡소,
2024

———

일에는 두 가지 종류가
있다. 역할 때문에
반드시 해야 하는
업무와, 진심으로
좋아서 하는 일. 어른의
삶이란, 둘의 균형을
맞춰 가는 상황의
연속이 아닐까? 갈등이
없을 수 없는데. 둘의
경계에서, 그림책으로
먼저 세계적인 인정을
받은 이수지 작가,
글도 이리 잘 쓰다니.
좀 반칙이다. 용기와
추진력, 연대의 힘까지
보여 주는 보물 같은
책이라, 더 재미있다.

———

서촌 그 책방
책방지기 하영남
(서울 종로)

신간
책꽂이

이 계절의 책
2025년 봄

[편집자] 〈신간 책꽂이〉에는 최근 발간된 신간 가운데 눈에 띄는 책을 골라 추천 이유와 함께 소개한다. 이 책들의 선정과 소개에 도움을 주신 분들은 다음과 같다.

김경영(알라딘 인문·사회과학·과학 MD)
손민규(예스24 인문·사회정치·자연과학 PD)
한지수(교보문고 인문 MD)
한채원(이것은 서점이 아니다 공동 책방지기)
(가나다순)

『내전은 어떻게 일어나는가』바버라 F. 월터 지음, 유강은 옮김, 열린책들
내전 전문가가 분석한 현재 세계의 내전들. 특수하다고 여긴 한국의 현 상황이 실은 세계적으로 벌어지고 있는 현상들과 같은 궤적을 그리고 있다는 사실에 아연해진다. (김경영)

『명령에 따랐을 뿐!?』에밀리 A. 캐스파 지음, 이성민 옮김, 동아시아
부당한 명령을 왜 누구는 거부하고 누구는 따르는가? 복종하는 인간을 인지신경과학으로 분석하는 책. '악의 평범성'을 정확히 분석해 낸다면 무책임한 명령의 이행을 막을 수도 있을 것이다. (김경영)

『우리 중 그 누구도 돌아오지 못할 것이다』 샤를로트 델보 지음, 류재화 옮김, 가망서사
아우슈비츠와 그 이후 삶에 대해 여성들의 집단 기억을 모아 쓴 회고록이자 증언 문학. 폭력, 고통, 실존, 희망, 진실 그리고 생존자의 말하기 방식을 경험할 수 있는 책. (한채원)

『다시 조선으로』이연식 지음, 역사비평사
1945년 해방 이후 일본, 만주 등지에서 돌아온 귀환자에 관한 기록. 때로 국가는 나쁘다. 그리고 더 큰 악은 제대로 된 국가가 기능하지 못할 때다. 해방 이후 한반도가 그랬다. (손민규)

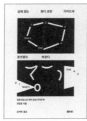

『연루됨』조문영 지음, 글항아리
인류학자 조문영이 스스로를 의심하고 존재들을
연결해 가며 섬세하게 관찰한 세계. 우리
각자의 세계가 만나는 접촉면에 관한 주목은
지금 한국의 민중들이 도달한 '연결'의 감각과
공명한다.(김경영)
빈곤 문제를 학술적, 실천적 주제로서 연구해
온 인류학자의 세상 읽기. 세상의 고통에 대해
관망자가 아닌, 이에 연루된 공모자의 입장에서
책임 있는 비판을 시도한다.(한채원)

『시간 불평등』가이 스탠딩 지음, 안효상 옮김,
창비
산업화 시대 이후 테일러주의와 포드주의는
노동자에게서 시간을 약탈해 갔다. 경제적
불평등을 '시간'의 관점에서 해부하며
기본소득의 필요성을 주창하는 정치경제학자
가이 스탠딩의 신작.(한지수)

『우리는 언제나 타지에 있다』고예나 지음, 위고
2020년, 한국의 이주배경 아동·청소년의
수는 약 55만 명을 넘어섰다. 국제결혼

가정에서 태어난 이주배경 청년 고예나는
한국 사회가 새로운 구성원을 어떻게
환대할 것인지 질문을 던진다.(한지수)
농촌의 국제결혼 가정에서 태어난
이주배경 청년의 회고록. '다문화'라는 말이
멸칭으로 쓰이는 사회에서 '우리'의 범주를
되묻는다.(한채원)

『페미사냥』이민주 지음, 민음사
#나는페미니스트입니다 운동 10주년, 지금
한국에서는 상상 속 페미를 표적으로 한 다트
놀이가 진행 중이다. 억지와 거짓이 만들어 내는
위험한 현실에 대한 꼼꼼한 분석.(김경영)

『실패 없는 젠더 표현 가이드북』일본신문노련
젠더 표현 가이드북 편집팀 지음, 조지혜 옮김,
마티
일본의 여성 기자들이 만든, 보다 평등한 젠더
표현에 관한 지침서. 일상적인 언어 속에 깃든
차별적 인식과 고정관념을 짚어 내고 더 나은
대체 표현을 모색한다. 슬프지만 한국에도
반드시 필요한 이야기.(한채원)

『엑스트라 볼드』 엘런 럽튼 외 지음, 정은주
옮김, 안그라픽스
젠더, 인종, 장애인권 등에 관한 핵심 용어
설명부터 실무자들의 조언까지, 더 지속 가능하고
포용적인 디자인 실천을 위한 가이드북. 흥미로운
디자인 도판이 많다.(한채원)

『가장 느린 정의』 리아 락슈미 피엡즈나-
사마라신하 지음, 전혜은·제이 옮김, 오월의봄
북미 장애인권 운동에서 주변화되는 장애인
퀴어, 트랜스, 브라운을 운동의 중심에 놓는
책. 교차적인 연대를 꿈꾸는 '장애정의' 운동이
나아갈 길을 모색하며, 누구도 뒤에 남겨지지
않는 해방 공동체를 그린다.(한채원)

『정신병의 신화』 토머스 사스 지음, 윤삼호 옮김,
교양인
정신병에 대한 현대 의학의 권위에 도전한
문제작. 출간된 지 50년이 됐지만 우리가
여전히 이 책에 주목해야 하는 이유는, 여전히
현대 문명이 인간의 마음을 제대로 보듬지
못해서다.(손민규)

『나는 평온하게 죽고 싶습니다』 송병기·김호성
지음, 프시케의숲
현대인은 자신의 죽음 형태를 결정할 수 없다.
대부분의 의사결정은 병원이 내린다. 의료의
효율성과 존엄한 죽음은 양립 불가능한가?
의료인류학자와 호스피스 의사가 대안을
모색했다.(손민규)

『살아 있는 자들을 위한 죽음 수업』 이호 지음,
웅진지식하우스
죽음을 대하는 태도가 그 사회의 격을 나타낸다.
법의학자 이호 교수는 늘 죽음과 함께했다.
죽음을 들여다보는 이유는 우리가 더 사랑하고
연대하기 위해서다.(손민규)

『짐승과 인간』 메리 미즐리 지음, 권루시안 옮김,
위고
동물과 인간의 닮은 점을 통해 인간의 본성을
들여다보는 고전. 50년 전 책이지만 현시점에
더 호소력 있게 읽힌다. 거대한 미지의 세계의
일원으로서 인간을 발견하게 하는 책.(김경영)

『어두운 시대에도 도덕은 진보한다』 마르쿠스 가브리엘 지음, 전대호 옮김, 열린책들
저자는 인류가 오로지 도덕적 진보를 통해서만 인류의 위기를 극복할 수 있을 것이라 단언한다. 모두가 '지향해야 하는' 도덕의 틀을 구축하려는 저자의 야심에서 알 수 없는 위로를 받았다.(한지수)

『사소한 불행에 인생을 내어주지 마라』 요한 크라우네스 지음, 이상희 옮김, 추수밭
아직 스토아 철학을 접해 보지 않았다면, 이 책을 추천한다. 스토아 철학의 역사와 핵심 개념을 알기 쉽게 설명하고, 본문은 다양한 우화로 채워져 있어 재밌게 읽을 수 있다.(손민규)

『철학의 은유들』 페드로 알칼데·멀린 알칼데 지음, 기욤 티오 그림, 주하선 옮김, 단추
두 명의 철학자와 한 명의 일러스트레이터가 빚어낸 감각적이고 직관적인 철학 안내서. 고대부터 현대까지 철학에서 사용된 은유적 개념을 명료한 설명과 우아한 그림으로 담아냈다.(한지수)

『조선시대 궁중기록화, 옛 그림에 담긴 조선 왕실의 특별한 순간들』 박정혜 지음, 혜화1117
원고지 약 3,000매, 수록 도판 600여 장. 조선 궁중기록화에 관한 거의 모든 걸 담은 이 책은 조선 왕실의 공식 행사에서 세밀한 일상까지 들여다본다.(손민규)

『문자의 역사』 스티븐 로저 피셔 지음, 강주헌 옮김, 퍼블리온
인류 문명을 가능하게 한 가장 강력한 도구 '문자'. 언어학자인 저자는 고대 수메르의 점토판에서부터 오늘날의 디지털 환경에 이르기까지 문자의 발전 과정을 추적하며 읽기의 역사를 새로 쓴다.(한지수)

『쓰기의 미래』 나오미 배런 지음, 배동근 옮김, 엄기호 해제, 북트리거
요즘에는 회사에서 잡지를 만들고 있다. 그 과정에서 챗GPT가 주는 도움은 무서울 정도다. 생성형 인공지능이 일상이 된 시대, 우리가 보존하고 발전시켜야 할 인간 고유의 쓰기 능력은 과연 무엇인가?(한지수)

『단어가 품은 세계』 황선엽 지음, 빛의서가
우리말 단어를 세세하게 들여다보며 우리의
정체성과 주체성에 관해 고민했다. 단어 하나
깊게 들여다봤을 뿐인데, 볼 수 있는 세계가
넓어진다.(손민규)

『작가와 작품을 분리할 수 있는가?』 지젤 사피로
지음, 원은영 옮김, 이음
오래 묵었지만 언제나 뜨겁고 갈수록
중요해지는 질문. 윤리적 이슈가 있는
작품을 어떻게 받아들여야 하는가? 날카로운
관점으로 이 논쟁을 다루는 분석의 틀을
제공한다.(김경영)

『남류문학론』 우에노 지즈코·오구라
지카코·도미오카 타에코 지음, 최고은 옮김,
버터북스
페미니스트, 심리학자, 소설가 세 여성이
일본 대표 남성 작가들의 작품을 페미니즘의
관점으로 비평한다. 홀로 쌓아 오던 답답함이
시원하게 뚫린다. 이 수다에 나도 끼고
싶다.(김경영)

『호랑말코』 김언희 지음, 문학과지성사
"에로와 그로테스크 미학"의 정수를 보여 주는
김언희 시인의 일곱 번째 시집. 비천하고 속되다
여겨지는 육체적인 언어로 관습에 저항하는
시인의 기개를 느낄 수 있다.(한채원)

『백합의 지옥』 최재원 지음, 민음사
한 권의 책이 마치 한 편의 공연 같은 최재원의
두 번째 시집. 온갖 장르와 감정의 무수한
가능성을 보여 주며 독자를 압도한다. 끊어
읽기보다 목차대로 한 번에 완독하여 무대 위
화자를 끝까지 지켜보기를 권한다.(한채원)

『부드러운 재료』 김리윤 지음, 봄날의책
『투명도 혼합 공간』을 쓴 김리윤 시인의 첫
산문집. '보기'를 실천하고 이를 재료 삼아 재현
불가능한 감각에 언어로 다가가 보는 작업이
담겨 있다. 재료 자체를 재료로 삼아 전개하는
감각적인 사유가 돋보인다.(한채원)

『어둠에 새기는 빛』 서경식 지음, 한승동 옮김, 연립서가

악몽의 시대를 냉소하지 않고, 국경과 국민주의 너머를 상상했던 재일조선인 학자 서경식의 에세이 모음집. 예술과 사회를 오가며 고통과 기억에 대한 치열한 사유를 전개한다.(한채원)

『무지의 즐거움』 우치다 다쓰루 지음, 박동섭 옮김, 유유

현명한 어른에게 묻는 스펙트럼 넓은 질문들과 그에 대한 천진한 대답들. 공부, 배움, 삶에 대해 우치다가 편안하게 들려주는 이야기 속에 두고두고 곱씹게 되는 세상의 근본 이치가 있다.(김경영)

『모든 아름다움은 이미 때 묻은 것』 레슬리 제이미슨 지음, 송섬별 옮김, 반비

아이, 결혼 생활, 일, 그리고 삶 사이에서 싸우는 자아에 대한 레슬리 제이미슨의 에세이. 여러 자아가 중첩되고 충돌하며 현실이 혼란해지는 이야기는 언제나 조금 끔찍하게 재미있을 수밖에.(김경영)

『어두울 때에야 보이는 것들이 있습니다』 슈테판 츠바이크 지음, 배명자 옮김, 다산초당

슈테판 츠바이크의 온화하고 통찰력 있는 시선이 발견한 세상의 진실들에 관한 에세이. 중요한 것을 잃어 가는 시대에 그의 이야기들은 잠든 정신을 깨운다. 진정 인간적인 미덕이란 무엇인가.(김경영)

『터틀넥프레스 사업일기: BEGINS』 김보희 지음, 터틀넥프레스

'터틀넥프레스' 김보희 대표가 들려주는 고군분투 1인 출판사 창업기. 작은 브랜드가 태어나 엉금엉금 세상으로 기어가기까지 창업의 디테일을 솔직하게 이야기한다. 따뜻한 영감을 주는 책.(한지수)

『책 고르는 책』 손민규 지음, 포르체

하루에도 수십 권의 책을 선별하는 대형 서점의 MD는 어떤 책을 고를까? 15년 차 서점 MD가 시작하는 독자들을 위해 쓴 책 고르기 안내서. 주변에 책 읽기를 망설이는 이가 있다면 이 책을 내밀어 보자.(한지수)

『꼭 맞는 책』 정지혜 지음, 유유
'사적인서점'의 책처방사 정지혜 대표는 나에게
꼭 맞는 책을 찾는 기술을 공유한다. 8년간
1,600명이 넘는 독자들에게 꼭 맞는 책을
찾아준 저자의 노하우와 함께 스스로의 독서
취향을 진단해 보자.(한지수)

**『독서의 뇌과학』 가와시마 류타 지음, 황미숙
옮김, 현대지성**
텍스트힙은 단순히 유행이 아니다. 과학적
현상이다. 독서가 인간에게 유익해서 우리는
책을 읽는다. 책을 읽을 때 벌어지는 놀라운
현상을 이해하기 쉽게 설명해 준다.(손민규)

**『제대로 연습하는 법』 아투로 E. 허낸데즈 지음,
방진이 옮김, 북트리거**
1만 시간의 법칙. 누구나 노력하면
능숙해진다는데 사실일까? 틀렸다. 훈련의 양이
아니라 질이 중요하다. 효과적인 배움에 관한
예리한 통찰.(손민규)

**『바다의 천재들』 빌 프랑수아 지음, 발랑틴
플레시 그림, 이충호 옮김, 해나무**
바다 생물에 대한 이야기가 언제나 이렇게
매혹적인 이유는 무엇일까? 심해를 유영하는
거대한 향유고래부터 은빛으로 몸을 감추는
멸치 떼까지 정교한 일러스트와 함께
만나는 바다라는 세계.(한지수)
수심 2,992미터까지 잠수하는 고래, 수면 위로
활공하는 날치, 강과 바다를 오가는 연어까지.
프랑스 웅변대회 우승자이자 생물물리학자
빌 프랑수아가 알려 주는 신기한 바다
생물들.(손민규)

**『양자역학의 역사』 데이비드 카이저 지음,
조은영 옮김, 동아시아**
물리학자들의 역사적 일화들을 통해 양자역학
100년의 역사를 추적한다. 천재 과학자들의
인간적 면모를 흥미롭게 따라가다 보면
양자역학의 거대한 흐름을 파악하게 되는
책.(김경영)

남의 인식론

인식론 살해에 맞서는 정의

보아벤투라 드 소우자 산투스 지음
안태환 · 양은미 · 박경은 옮김

**인식론 살해에 맞서는 대항헤게모니,
남의 인식론을 재조명하다**

"산투스는 우리가 세계를 아래로부터 바라보고,
'보편성'을 북반구가 아닌 남반구의 시각에서
재해석해야 한다고 주장한다. 이를 통해 그는 완전히
새로운 미래를 구상할 가능성을 제시한다."
— 이매뉴얼 월러스틴

알렙

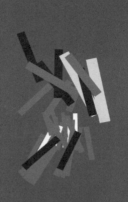

"한 발을 딛고 두 발짝 딛고 다음 발은 싱크홀"

개똥 같은 삶을 껴안는 명랑함으로 나아가기
'몸으로 쓰는 시인' 진수미 세번째 시집

문학동네시인선 226 **진수미** 시
집 **고양이가 키보드를 밟고 지
나간 뒤**

문학동네시인선 222
고영민 시집
햇빛 두 개 더

문학동네시인선 223
여성민 시집
이별의 수비수들

문학동네시인선 224
유수연 시집
**사랑하고
선량하게 잦아드네**

문학동네시인선 225
김 근 시집
에게서 에게로

"오래 간직하는 기억은 오해여도 좋았다"

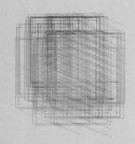

고요가 부서지는 순간에 발생하는 서정
우리 내면에 균열을 일으키는 파안(破顔)으로서의 시

문학동네시인선 227 **이동욱** 시
집 **우리의 파안**

우리 시대 최고의 현대 철학 개론서

"놀랍도록 풍성한 철학 뷔페"
—《더 타임스》

"철학에 관심 있는 모든 이들의 필독서"
—《선데이 텔레그래프》

"능수능란한 대가가 쓴 명료함의 전형"
—《파이낸셜 타임스》

'존재' '과학' '영혼' '도덕' '역설' 등
31가지 테마로 본 현대 영미철학의 흐름과 쟁점

현대 철학 강의

로저 스크루턴 지음 · 주대중 옮김

"독자들은 스크루턴에게서 진정한 사상가의 표식인, 깊은 정직성과 소신을 느낄 수 있다"
—알랭 드 보통

로저 스크루턴 Roger Scruton 영국의 철학자. 현재 영국을 대표하는 철학자로 손꼽힌다. 전공 분야는 미학이지만, 철학교사로서 그의 명쾌하고 정확한 교수법은 버크벡 칼리지를 그의 재임 시 영국의 대표적 철학의 산실로 만들었다. "버트런드 러셀의《철학의 문제들》 이후 최고의 철학 입문서"로 평가받는 이 책은 바로 이때의 강연을 모은 것이다.

바다출판사

"범죄자의 작품에
상을 주어도 되는가?"

"작품의 우수성과
작가의 도덕성을
따로 보아야 하는가?"

"폴란스키, 마츠네프,
블랑쇼, 하이데거,
한트케, 고은, 친일파…
이들의 작품을 높이
평가해도 되는가?"

"작가와 작품을
분리할 수 있는가?"

사랑과 삭제 사이,
가장 뜨겁고
오래된 질문

**『작가와 작품을
분리할 수 있는가?』**
지젤 사피로 지음, 원은영 옮김,
18,000원

"강간과 성폭행으로 남녀 창작자들이 비난받을 때,
일반적으로 이러한 비난을 창작의 자유에 대립하는 것으로
본다. 물론 창작의 자유는 이데올로기 강요나 경제적
압박으로부터 보호되어야 한다. 그러나 창작의 자유가
타인을 해할 자유로 정의된 적은 단연코 없다." – 책 속에서

한국문학계의 거장 염무웅,
60년 비평활동의 결산
'우리 것다운' 문학을 향한 치열한 탐구와 깊이 있는 통찰

독자에게 소외된 비평을 구출해
한국문학의 '있어야 할 모습'을 제시하다

[역사 앞에 선 한국문학]

염무웅 평론집

염무웅 평론가는 그 자체로 한국문학의 역사다.
한국일보

한국문학의 우뚝한 거목들이 숨긴 공통점이 있
다. 평론가 염무웅의 글과 말, 기억 없이는 온전
해질 수 없다는 사실이다. **한겨레**

문학에서 민족이나 평화 같은 개념이 '낡은 것'으
로 치부되는 시대다. 그럼에도 주저하지 않고 예
의 그 화두를 다시 던졌다. **서울신문**

값 28,000원

창비
Changbi Publishers

서울 리뷰 오브 북스

Seoul
Review of
Books
2025 봄

17

발행일	2025년 3월 15일
편집위원	강예린, 권보드래, 권석준, 김영민, 김홍중, 박진호, 박훈
	송지우, 신형철, 심채경, 유정훈, 이석재, 정우현, 정재완
	조문영, 현시원, 홍성욱
편집장	김두얼
책임편집	정우현
편집	장윤호
디자인	정재완
제작	(주)대덕문화사
발행인	조영남
발행처	알렙
등록일	2020년 12월 4일
등록번호	고양, 바00044호
주소	경기도 고양시 일산서구 중앙로 1455 대우시티프라자 715호
전자우편	seoulreviewofbooks@naver.com
웹사이트	www.seoulreviewofbooks.com
ISSN	2765-1053 51
값	15,000원

© 알렙, 2025
이 책에 실린 글과 사진은 저작권법에 의해 보호를 받는
저작물이므로 사전 협의 없이 무단으로 사용할 수 없습니다.

이 책은 한국문화예술위원회의 문예진흥기금으로 원고료(일부)를
지원받아 발간되었습니다.

구독 문의	seoulreviewofbooks@naver.com
정기구독	60,000원 (1년/4권) → 50,000원(17% 할인)
	자세한 사항은 QR코드를 스캔해 주세요.

광고 문의	출판, 전시, 공연 등 다양한 영역에서 서울리뷰오브북스의
	파트너가 되어 주실 분들을 찾습니다. 제휴 및 광고 문의는
	seoulreviewofbooks@naver.com로 부탁드립니다.
	단, 서울리뷰오브북스에 실리는 서평은 광고와는 무관합니다.